# सत्य के दस्तावेज़

(नाट्य प्रस्तुति)

गाँधी के लिए व्याप्त भ्रान्तियों को
अनावृत करने का एक प्रयास

# सत्य के दस्तावेज़

(नाट्य प्रस्तुति)

गाँधी के लिए व्याप्त भ्रान्तियों को
अनावृत करने का एक प्रयास

सुजाता

वाणी प्रकाशन

**वाणी प्रकाशन**
*4695, 21-ए, दरियागंज, नयी दिल्ली 110 002*

फ़ोन : +91 11 23273167 फ़ैक्स : +91 11 23275710

**शाखाएँ**

*अशोक राजपथ, पटना 800 004, बिहार*

*कॉफ़ी हाउस कैम्पस, महात्मा गांधी मार्ग, इलाहाबाद 211 001, उत्तर प्रदेश*

*महात्मा गांधी अन्तरराष्ट्रीय हिन्दी विश्वविद्यालय, वर्धा 442 001, महाराष्ट्र*

www.vaniprakashan.in
marketing@vaniprakashan.in
sales@vaniprakashan.in

SATYA KE DSTAVEJ
*by* Sujata

ISBN : 978-93-89012-02-6
History/Drama



**प्रथम संस्करण 2019**

मूल्य : ₹ 399



*सिटी प्रेस, दिल्ली-110 095 में मुद्रित*

*वाणी प्रकाशन का लोगो मक़बूल फ़िदा हुसेन की कूची से*

*देश की युवा पीढ़ी को समर्पित*

# भूमिका

ईसा की हत्या के बाद उन्हें समझने में दुनिया को लगभग दो सौ साल लग गये। पहले जिस ईसा को सूली पर लटका दिया, कालान्तर में उन्हीं ईसा के नाम पर महान ईसाई धर्म की स्थापना की और दो हज़ार वर्षों से उन्हें ईश्वरपुत्र बनाकर उनकी पूजा कर रहे हैं।

महान विचारक और दार्शनिक रोमाँ रोलाँ का कहना है, अपने जीवन में ईसा को भी वह सम्मान नहीं मिल पाया था जो गाँधी को मिला। लेकिन रोमाँ रोलाँ ने जिस समय इस पंक्ति को लिखा था, उस समय तक गाँधी की हत्या भी ईसा की तरह नहीं कर दी गयी थी।

कुछ बौद्धिकों का मत है गाँधी का जन्म दो सौ साल पहले हो गया था, इसी से नफ़रत में जीने और मरने वाली जमात ने उनकी जान ले ली। तो क्या गाँधी को समझने में हमें भी दो सौ साल लग जायेंगे? सत्य, अहिंसा, प्रेम, ब्रह्मचर्य, अध्यात्म, शान्ति और मानवता के सच्चे पुजारी गाँधी के दर्शन को एक दिन दुनिया समझ पायेगी? दुनिया तो शायद धीरे–धीरे समझ रही है तभी तो गाँधी के विचारों को, उनके द्वारा प्रतिपादित एवं आचरित जीवन–मूल्यों को, आर्थिक–सामाजिक विकास और सन्तुलन सम्बन्धी उनके द्वारा प्रतिपादित मानदण्डों को मानवता को संरक्षित करने के एकमात्र विकल्प के रूप में देख रहा है।

और हमारा देश भारत और भारतवासी? गाँधी के जीवन काल में जहाँ वे अपने चरण रख देते थे वह स्थल समस्त भारतीयों के लिए पवित्र–स्थली बन जाती थी, जो वायु बापू को स्पर्श कर उन तक पहुँचती थी,उससे वे धन्यता महसूस करते थे। हालाँकि उस समय भी कुछ लोग ऐसे थे जिन्हें गाँधी के अस्पृश्यता उन्मूलन, हिन्दू–मुस्लिम एकता, पर्दा

प्रथा उन्मूलन जैसे मुद्दे नहीं सुहाते थे। किन्तु आज वही विचारधारा उन मुद्दों का विरोध नहीं कर पा रही है। लेकिन अंग्रेज़ी हुकूमत द्वारा रोपे गये अफ़वाहों के विषबेल को वे आज भी सींच रहे हैं। आज भी कुछ भारतीय नासमझीवश कहें या अन्तस् में बसी नफ़रत की प्रचुरता की वजह से गाँधी के विषय में ऐसी बेसिरपैर की तथ्यहीन बातों से स्वयं तो गुमराह हो ही रहे हैं, जनमानस को ख़ासकर युवा पीढ़ी को भ्रमित करने की लगातार कोशिश कर रहे हैं।

जब देश के एक प्रतिष्ठित इंजीनियरिंग कॉलेज की छात्रा ने पूछा– गाँधी जी ने सुभाष बोस को क्यों मरवा दिया तो मेरे होश उड़ गये, मैं काँप उठी। मैंने अपने को संयत कर पूछा–इस बात की जानकारी तुम्हें कहाँ से प्राप्त हुई? उसने सहजता से उत्तर दिया। इस बात की जानकारी हमारे कॉलेज के सभी छात्र–छात्राओं को है। इस विषय पर पड़ताल करने से पता चला, यह इकलौती भ्रान्ति नहीं है। ऐसी भ्रान्तियों का एक भ्रमजाल फैलाया जा चुका है जिनमें गाँधी ने भगत सिंह को नहीं बचाया, पटेल को छोड़कर नेहरू को प्रधानमन्त्री क्यों बनाया, देश के विभाजन को नहीं रोका, जैसे अन्य कई मुद्दे हैं।

मेरे मन में घुमड़–घुमड़ कर यह ख़याल आ रहा था कि भ्रमजाल को समाप्त करने का काम तो सत्य का दस्तावेज़ ही कर सकता है, परन्तु कैसा हो यह सत्य का दस्तावेज़? इस गुत्थी को सुलझाने में बहुत वक़्त लग गया। मेरी गुत्थी तो सुलझ गयी परन्तु यह नहीं जानती, दूसरों के भ्रम को सुलझाने में यह कितनी सफल होगी।

यह पुस्तक जनमानस, ख़ासकर युवा पीढ़ी में व्याप्त–परिव्याप्त भ्रान्तियों को अनावृत करने का विनम्र प्रयास है। इस प्रयास को रोचक बनाने हेतु इसे नाटक विधा में अदालती कार्यवाही के रूप में प्रस्तुत किया गया है। गाँधी इस नाटक के मुख्य पात्र हैं जिन्हें एक अभियुक्त बनाकर कठघरे में खड़ा किया गया है। चौरी–चौरा काण्ड के बाद गाँधी को अदालत में खड़े देख अंग्रेज़ी हुकूमत के कठोर न्यायाधीश ने भी मर्माहत होकर कहा था। इतना महान व्यक्ति अब मेरे कोर्ट में कभी नहीं आयेगा।

सत्य के दस्तावेज़ में गाँधी को अदालत में खड़े करने में मेरा सर्वांग काँप रहा था, मैं मन–ही–मन बुदबुदा रही थी–"बापू, मुझे माफ़ करना

मैं भी उन्हीं कृतघ्नों की क़ौम में से हूँ जिसने न सिर्फ़ आपके वृद्ध शरीर में गोली मारी, बल्कि आपके विचारों की भी हत्या करना चाहती है।" मैं जानती हूँ बापू तो माफ़ कर देंगे परन्तु मेरे इस गुनाह को क्या ईश्वर माफ़ कर पायेगा? मैं ईश्वर से क्षमा याचना कर प्रायश्चित्त नहीं करना चाहती। प्रायश्चित्त की प्रक्रिया में ही इस सत्य के दस्तावेज़ को आपके समक्ष लायी हूँ।

**सुजाता**

# अनुक्रम

# न्यायालय का दृश्य

## खण्ड एक

न्यायालय परिसर के एक बड़े से हॉल में न्यायाधीश की कुर्सी पर एक महिला न्यायाधीश बैठी है। उसकी कुर्सी के ठीक पीछे महात्मा गाँधी की तस्वीर लगी है। दर्शकदीर्घा खचाखच भरी हुई है। वादी एवं प्रतिवादी पक्ष के अधिवक्ता अपने गाउन को सम्भाल कर बैठे हुए हैं। दोनों की मुख मुद्राएँ गम्भीर हैं। जज अपनी कुर्सी के पीछे लगी महात्मा गाँधी की तस्वीर को मुड़कर देखती है, और फिर सीधी होकर बैठ जाती है। उसके मुख–मण्डल का गाम्भीर्य भी उत्तरोत्तर बढ़ रहा है। तभी नेपथ्य से आवाज़ आती है–

आज इस न्यायालय में एक अनूठे और अनोखे मुक़दमे पर कार्रवाई चलने वाली है। यह एक ऐसा मुक़दमा है, जिस व्यक्ति पर मुक़दमा चलाया जा रहा है वह अब शारीरिक रूप से इस दुनिया में मौजूद नहीं है, पर वैचारिक रूप से इस व्यक्ति ने पूरी दुनिया में अपना स्थान बनाया है। उसे सहस्राब्दि के महानतम् व्यक्ति की उपाधि से भी नवाज़ा गया है। पूरी दुनिया उसे सुकरात, बुद्ध और ईसा की श्रेणी में रखती है। उसकी मृत्यु भी सुकरात, बुद्ध और ईसा की तरह ही हुई। सुकरात को ज़हर का प्याला पीना पड़ा, बुद्ध के ऊपर पत्थर गिरा कर उन्हें घायल करके मारा गया और ईसा को सूली पर लटका दिया गया। ठीक उसी तरह मानवता के इस पुजारी की भी गोली मारकर हत्या कर दी गयी। उस पर दोष यही लगाया गया कि यह अपने धर्म के लोगों से अधिक दूसरे धर्म के लोगों से प्रेम करता है। जिन्होंने इनके इस आरोप को अपराध मानकर हत्या कर दी, उन हत्यारे के अनुयायी आज भी मानते हैं, इस व्यक्ति को इतना सम्मान क्यों मिल रहा है?

आप लोग समझ गये होंगे कि कौन है यह व्यक्ति! जी हाँ, यह व्यक्ति हैं–हमारे देश के राष्ट्रपिता महात्मा गाँधी।

वादी पक्ष की ओर से महात्मा गाँधी पर बहुत सारे संगीन आरोप लगाये गये हैं। सुकरात को फाँसी देने के पहले कम से कम उन्हें अपनी सफ़ाई में अपनी बात रखने के लिए, न्याय का ढोंग करने के लिए ही सही, समय दिया गया था। परन्तु हत्या के पहले महात्मा गाँधी को अपनी बात कहने का मौक़ा भी नहीं मिला। आज जब वादी पक्ष की ओर से इतने संगीन आरोप लगाये गये हैं तो न्याय प्रक्रिया के तहत प्रतिवादी को भी मौक़ा दिया गया है कि विवादित आरोपों का खण्डन करें या स्वीकार करें।

*( आवाज़ शान्त हो जाती है।)*

वादी पक्ष का अधिवक्ता–सर्वप्रथम मैं यह बता दूँ कि मैं गाँधी जी का सम्मान नहीं करता ऐसी बात नहीं है। लेकिन सम्मान का अर्थ कतई नहीं है कि उन पर सत्य पर आधारित आरोप भी नहीं लगाये जा सकते। जिन आरोपों को उन पर आरोपित किया गया है उनकी सूची न्यायाधीश महोदया और प्रतिवादी पक्ष के अपने अधिवक्ता मित्र को देना चाहता हूँ।

*(वादी पक्ष का अधिवक्ता पहले जज महोदया को सूची देता है, उसके बाद प्रतिवादी पक्ष के अधिवक्ता को भी वही सूची देता है। सूची मिलने के बाद दोनों उसे पढ़ने लगते हैं। प्रतिवादी पक्ष के अधिवक्ता के मुखमण्डल पर स्पष्टतः तनाव लक्षित हो रहा है।)*

वादी अधिवक्ता–परेशान होने की आवश्यकता नहीं बन्धु, इसे स्थिर होकर पढ़ लें, इत्मीनान से जवाब दें, पराजित होने के भय से ना घबराएँ।

*(वादी अधिवक्ता की मुस्कान कुछ अधिक ही व्यंग्यात्मक हो रही है)*

प्रतिवादी अधिवक्ता–आपको जानकारी होनी चाहिए मेरे मित्र कि सत्य परेशान हो सकता है, परन्तु पराजित नहीं।

*(प्रतिवादी अधिवक्ता मुस्कुराने की कोशिश करता है)*

*(जज भी आरोप–पत्र पढ़ने के बाद अपना चश्मा उतारती हुई कहती है)*

जज–जैसा कि आप सभी को पता है, यह एक अनूठा और अनोखा मुक़दमा है। मुझे इस मुक़दमे में जज की भूमिका दी गयी है। मैं नहीं जानती यह मेरा सौभाग्य है या दुर्भाग्य, आज से नब्बे साल पहले महात्मा गाँधी के ऊपर अँग्रेज़ी हुकूमत ने एक मुक़दमा चलाया था, जिसमें

उन्हें छह साल जेल की सज़ा सुनाई गयी थी। सज़ा सुनाने के बाद जज ने कहा था–मेरे पूरे जीवन में अब ऐसा महान् व्यक्ति कभी मेरे कोर्ट में नहीं आएगा। मुझे इन्हें सज़ा सुनाने में अत्यन्त वेदना हो रही है। यदि मि. गाँधी कह दें कि आगे से ब्रिटिश सरकार के ख़िलाफ़ वे जनता को नहीं भड़कायेंगे तो मैं सज़ा को समाप्त करके अत्यधिक प्रसन्नता का अनुभव करूँगा। किन्तु महात्मा गाँधी ने इस बात को मानने से यह कहते हुए इनकार कर दिया था कि मैं फिर ऐसा ही करूँगा, सज़ा और मृत्यु के भय से सत्य का साथ नहीं छोड़ सकता, और जज को सज़ा सुनानी पड़ी थी।

न्याय की इस प्रक्रिया में मैं नहीं जानती वादी और प्रतिवादी में कौन अपने पक्ष को किस तरह से रखेंगे, क्योंकि मुझे उन्हीं आधारों पर अपने फ़ैसले सुनाने होंगे। आज कोर्ट की कार्यवाही को स्थगित किया जाता है। कल से सारे आरोपों पर नियमित सुनवाई की जाएगी।

## दृश्य एक

जज महोदया– मुक़दमे की कार्यवाही प्रारम्भ की जाये।

वादी अधिवक्ता– माननीय, हमारा पहला आरोप भगत सिंह की फाँसी से जुड़ा हुआ है। भगत सिंह भारत माँ के ऐसे सपूत हैं, जो देश की आज़ादी ख़ातिर हँसते–हँसते फाँसी के फन्दे पर झूल गये।

प्रतिवादी अधिवक्ता–हम सब जानते हैं शहीद–ए–आजम भगत सिंह की शहादत को, पूरा भारत उन पर गर्व करता है।

वादी अधिवक्ता–लेकिन मेरी बात पूरी नहीं हुई है। मुझे उनकी शहादत नहीं बतानी है मुझे यह बताना है कि भगत सिंह को शहीद होने से गाँधी जी चाहते तो बचा सकते थे।

प्रतिवादी अधिवक्ता–महात्मा गाँधी शहीद–ए–आजम को शहीद होने से कैसे बचा सकते थे? भगत सिंह ने तो अपने जीवन की कुर्बानी स्वयं दी है।

वादी अधिवक्ता–आप समझ रहे हैं, मैं क्या कहना चाहता हूँ। मेरे कहने का तात्पर्य है कि गाँधी जी चाहते तो भगत सिंह की फाँसी की सज़ा माफ़ हो सकती थी।

प्रतिवादी अधिवक्ता–क्या भगत सिंह चाहते थे कि उनकी फाँसी की सज़ा माफ़ हो?

वादी अधिवक्ता–इससे क्या मतलब है कि भगत सिंह क्या चाहते थे, आरोप यह है कि गाँधी जी चाहते तो भगत सिंह फ़ाँसी के फ़न्दे से बच सकते थे।

प्रतिवादी अधिवक्ता–आपके कहने का तात्पर्य है कि गाँधी जी चाहते थे कि भगत सिंह को फाँसी लग जाये? जो व्यक्ति साँप को भी चोट पहुँचाने की नहीं सोच सकता था, इतना बड़ा अहिंसक चाहता था कि भगत सिंह को फ़ाँसी लग जाये।

वादी अधिवक्ता–आप बात को घुमा रहे हैं। मैंने यह नहीं कहा कि गाँधी जी भगत सिंह को फाँसी लगवाना चाहते थे। हमारा आरोप यह है कि वे बचाना चाहते तो भगत सिंह बच सकते थे।

प्रतिवादी अधिवक्ता–महात्मा गाँधी भगत सिंह की सज़ा को कैसे माफ़ कर सकते थे? वे न वायसराय थे और न ब्रिटिश क्राउन ही थे। महात्मा गाँधी तो ब्रिटिश साम्राज्य के सबसे बड़े शत्रु थे, ऐसे शत्रु जिन्हें अंग्रेज़ी हुकूमत अफ़्रीका के जंगलों में जंगली जानवरों के बीच फेंकने की सोचती थी।

वादी अधिवक्ता–गाँधी जी शत्रु थे पर उनका प्रभाव अपने शत्रु पर भी था। वे भारत देश के सबसे बड़े नेता थे। उनकी बात पूरी दुनिया में सुनी जाती थी। यदि वे अपने प्रभाव का इस्तेमाल करते तो ब्रिटिश हुकूमत को झुकना पड़ता।

प्रतिवादी अधिवक्ता–महात्मा गाँधी का अपने शत्रु पर भी क्यों प्रभाव पड़ता था?

वादी अधिवक्ता–तिलक की अचानक मृत्यु हो जाने के बाद गाँधी जी भारत के सबसे बड़े नेता बन गये थे।

प्रतिवादी अधिवक्ता–सबसे बड़े नेता तो थे, परन्तु दुश्मनों पर भी प्रभाव पड़ने का कारण उनका एक महान नैतिकवान महापुरुष होना था।

वादी अधिवक्ता–क्या एक नैतिकवान महापुरुष को भगत सिंह की जान बचाने से नैतिकता में कमी आ जाती? आप मुख्य बात पर आइए। नैतिकता और अनैतिकता की सुरंग में घनचक्कर मत लगवाइए।

प्रतिवादी अधिवक्ता–ठीक है मैं मुख्य मुद्दा से एक क्षण के लिए भी नहीं हटा हूँ। आपके पास क्या प्रमाण है कि महात्मा गाँधी ने भगत सिंह को फाँसी की सज़ा से बचाने का प्रयास नहीं किया?

वादी अधिवक्ता—यदि किया होता तो भगत सिंह के प्राण बचते नहीं?

प्रतिवादी अधिवक्ता—इसका मतलब है कि आपके पास कोई प्रमाण पत्र नहीं है....

वादी अधिवक्ता—प्रमाण है, वायसराय ने मालवीय जी को भगत सिंह की माफ़ी हेतु कांग्रेस के सभी बड़े नेताओं से हस्ताक्षर कराकर लाने के लिए कहा था, परन्तु गाँधी जी ने नेताओं को हस्ताक्षर करने से मना कर दिया था।

प्रतिवादी अधिवक्ता—क्या आपके पास इसके कुछ प्रमाण हैं या अंग्रेज़ों द्वारा उस समय उड़ाई गयी अफ़वाह से आप आज भी ग्रसित हैं।

*(वादी अधिवक्ता कुछ मिनट चुप रहता है पुनः जवाब देता है)*

वादी अधिवक्ता—अभी तो मेरे पास लिखित प्रमाण—पत्र उपलब्ध नहीं है पर मैं कोशिश करूँगा।

प्रतिवादी अधिवक्ता—आप पूरी कोशिश कीजिएगा पर सत्य यही है कि आप सफल नहीं होंगे, क्योंकि मालवीय जी से वायसराय ने कभी कोई ऐसा हस्ताक्षरयुक्त पत्र लाने कहा ही नहीं था। अब मैं आपको प्रमाण देता हूँ कि महात्मा गाँधी ने भगत सिंह के लिए वॉसराय से लिखित अपील की कि भगत सिंह की फाँसी स्थगित कर दी जाये। सुभाषचन्द्र बोस ने अपने वाङ्मय में खण्ड—दो के पृष्ठ संख्या—145 में लिखा है कि जैसे ही मुम्बई की ट्रेन से हम लोग दिल्ली पहुँचे कि महात्मा जी को ख़बर मिली कि सरकार ने लाहौर षड्यन्त्र के सरदार भगत सिंह और उनके दो साथियों को फाँसी पर चढ़ाने का फ़ैसला कर लिया है। इनको बचाने के लिए महात्मा जी ने अधिक से अधिक कोशिश की थी।

*(प्रतिवादी अधिवक्ता ने सुभाषचन्द्र बोस के वाङ्मय के लिखित डॉक्यूमेण्ट को जज महोदया को बढ़ाया और फिर दूसरा डॉक्यूमेण्ट निकाल कर पढ़ना शुरू किया)*

प्रतिवादी अधिवक्ता—माननीया, अभी सुभाषचन्द्र बोस की बात समाप्त नहीं हुई है। उन्होंने आगे लिखा है—वायसराय ने स्वयं महात्मा जी से कहा कि मुझे तीन बन्दियों की फाँसी की सज़ा को रद्द करने के बारे में बहुत से लोगों के हस्ताक्षर सहित अर्ज़ी मिली है। फ़िलहाल फाँसी की सज़ा को स्थगित कर दे रहा हूँ इस मामले पर गम्भीरता से विचार करूँगा। यह भी कहा कि अब इससे अधिक मुझ पर इस समय और दबाव न डाला जाये। महात्मा जी और हर एक ने वायसराय के इस रवैये से यही

अनुमान लगाया कि फ़ाँसी नहीं दी जाएगी, और सारे देश में खुशी की लहर दौड़ गयी।

माननीया यह भी सुभाषचन्द्र बोस का ही लिखित डॉक्युमेण्ट है जो उन्होंने अपने वाङ्मय में लिखा है।

*(प्रतिवादी अधिवक्ता ने उस डॉक्युमेण्ट को जज महोदय को बढ़ाया)*

वादी अधिवक्ता–इन बातों का सुभाषचन्द्र बोस नेताजी ने लिखा है विश्वास नहीं होता।

प्रतिवादी अधिवक्ता–विश्वास की क्या बात है, जब आपके सामने लिखित प्रमाण है।

वादी अधिवक्ता–सुभाषचन्द्र बोस ऐसा कैसे लिख सकते हैं? उनको तो स्वयं गाँधी जी का विरोध झेलना पड़ा था।

प्रतिवादी अधिवक्ता–मित्र, आप भी अजीब बात करते हैं। किसी का आपस में मतभेद होना क्या दुश्मनी हो जाना है? देश के महान नायक की मानसिकता को हम लोग अपने मानसिक स्तर पर खींचकर उनका अवमूल्यन नहीं कर रहे?

वादी अधिवक्ता–मेरे मानसिक स्तर की चिन्ता न करें अपनी बात को सिद्ध करें।

प्रतिवादी अधिवक्ता–वही कर रहा हूँ। माननीया, अभी नेताजी सुभाष बोस की बात समाप्त नहीं हुई है, उन्होंने अपने वाङ्मय के खण्ड दो पृष्ठ संख्या 146 में लिखा है–सम्पूर्ण विवरण इस प्रकार घटित हुआ। महात्मा गाँधी ने अत्यन्त शालीनतापूर्वक वायसराय के सामने भगत सिंह की फाँसी मुल्तवी करने की बात कही तो वायसराय ने कहा–आपने यह बात इस तरह मेरे सामने रखी, इसके लिए मैं बहुत आभारी हूँ। सज़ा कम करना कठिन काम है किन्तु फाँसी को मुल्तवी करने की बात पर विचार किया जाना चाहिए।

माननीया, महात्मा गाँधी के मन में आशा का संचार हुआ, उन्होंने वायसराय से कहा–बहादुर लड़का है, पर उसका दिमाग़ ठिकाने पर नहीं है। फिर मृत्युदण्ड बहुत बुरी चीज़ है क्योंकि वह व्यक्ति को अपनी गलती सुधारने का अवसर नहीं देता। मैं मानवीय दृष्टि से भी यह बात आपके सामने रख रहा हूँ।

*(प्रतिवादी अधिवक्ता ने पुनः इस लिखित प्रमाण को जज महोदया को दिया)*

वादी अधिवक्ता–महोदया, ऑब्जेक्शन, नोट किया जाये महात्मा गाँधी ने सरदार भगत सिंह के बारे में कहा कि उनका दिमाग़ ठिकाने पर नहीं है।

प्रतिवादी अधिवक्ता–जी कहा, अवश्य कहा। महात्मा गाँधी एक अधिवक्ता भी थे। उन्हें पता था कि आवेश में हो गयी हत्या और दिमाग़ी हालत ठीक नहीं रहने पर हो गयी हत्या और इरादतन की गयी हत्या की सज़ा में कितना अन्तर है। शायद मेरी विद्वान मित्र को भी इसके बारे में जानकारी अवश्य होगी।

*(दर्शक–दीर्घा से आवाज़ आती हैं–सही है, सही है)*

वादी अधिवक्ता–महात्मा गाँधी से युवाओं ने माँग की थी कि गाँधी–इरविन पैक्ट मुद्दे को बीच में रखकर भगत सिंह और बाक़ी लोग क्यों रिहा नहीं हो सकते? गाँधी जी ने ऐसा क्यों नहीं किया? क्या मैं गलत बोल रहा हूँ?

प्रतिवादी अधिवक्ता–नहीं, आप सही कह रहे हैं। युवाओं ने महात्मा गाँधी से ऐसा कहा था। युवाओं की माँग का भी डॉक्यूमेण्ट है और महात्मा गाँधी का दिया हुआ जवाब भी। उन्होंने कहा था कि मेरा अहिंसा धर्म चोर, डाकू और यहाँ तक कि हत्यारों को सज़ा देने के पक्ष में भी नहीं है। भगत सिंह जैसे बहादुर आदमी को फाँसी पर लटकाने की बात तो दूर रही। मेरी अन्तरात्मा तो किसी को भी फाँसी के तख़्ते पर लटकाने की गवाही नहीं देती। आपको हिंसा में विश्वास रहेगा तो हमें भगत सिंह जैसे हज़ारों लोगों का बलिदान देना पड़ेगा। मैं ऐसे बहादुर लोगों के बलिदान के लिए तैयार नहीं हो सकता था इसी से शान्ति और अहिंसा का मार्ग बेहतर समझा। आपने जो मार्ग चुना है इतिहास में इस तथ्य के असंख्य उदाहरण हैं। आप हिंसा का प्रयोग अपने शासकों के विरुद्ध ही नहीं करेंगे, आप अपने भाई–बहनों के विरुद्ध भी करेंगे और आपके जैसे विचारधारा वाले लोग इसका प्रयोग आपके विरुद्ध भी करेंगे।

वादी अधिवक्ता–माननीया, इस भाषण का इस मुकदमे से क्या लेना–देना? सबको पता है गाँधी जी अहिंसा की वकालत करते थे। पर यहाँ बात हिंसा और अहिंसा में कौन बेहतर है इसको सिद्ध करने की नहीं हो रही है।

प्रतिवादी अधिवक्ता–माननीया, इस मुक़दमे से इस बात का लेना –देना है। महात्मा गाँधी जैसा अहिंसक व्यक्ति हिंसा के रास्ते पर चलने

से दूसरे नौजवानों को इसके लिए रोक रहे थे क्योंकि वे नहीं चाहते थे कि हमारे देश के युवा फांसी के फन्दे के शिकार हों।

वादी अधिवक्ता–सवाल यह है कि वायसराय ने महात्मा गाँधी को आश्वासन दे दिया, उसके बाद इतने आनन–फानन में भगत सिंह को फाँसी क्यों दी गयी? उस समय महात्मा गाँधी जी ने वायसराय पर दबाव क्यों नहीं बनाया?

प्रतिवादी अधिवक्ता–महात्मा गाँधी को जैसे ही सरकार के मंसूबे की जानकारी मिली, उन्होंने तुरन्त वायसराय को पत्र लिखा–प्रिय मित्र, अभी आपको पत्र लिखना आपके प्रति क्रूरता जैसा लगता है, पर शान्ति के हित में अन्तिम अपील करना आवश्यक है। आपने मुझसे पहले कहा था कि भगत सिंह और उनके साथियों की सज़ा पर रियायत किये जाने की आशा नहीं है। लेकिन फिर आपने मेरे शनिवार के निवेदन करने पर विचार करने को कहा था। डॉक्टर सप्रू ने मुझसे कहा–आप चिन्तित हैं और कोई रास्ता निकालने का विचार कर रहे हैं।

यदि इस पर पुनर्विचार करने की कोई गुँजाइश हो तो मैं आपका ध्यान निम्न बातों की ओर दिलाना चाहता हूँ।

जनमत, वह सही हो या गलत, सज़ा में रियायत चाहता है। जब कोई सिद्धान्त दाँव पर न हो तो लोकमत का मान करना कर्तव्य बन जाता है।

प्रस्तुत मामले में स्थिति ऐसी है कि सज़ा हल्की की जाती है, तो बहुत सम्भव है कि आन्तरिक शान्ति की स्थापना में सहायता मिले। यदि मौत की सज़ा दी गई तो, निःसन्देह शान्ति ख़तरे में पड़ जायेगी। मैं आपको सूचित करता हूँ कि क्रान्तिकारी दल ने मुझसे कहा है कि इन लोगों की जान बख़्श दी जाये तो यह दल अपनी कार्यवाहियाँ बन्द कर देगा। इसको देखते हुए भी तब तक फाँसी की सज़ा को मुल्तवी कर देना एक लाजिमी फ़र्ज़ बन जाता है। राजनीतिक हत्याओं के मामले में इससे पहले भी तरजीह दी जा चुकी है। यदि ऐसा करने से बहुत–सी निर्दोष ज़ानें बचाई जा सकती हों तो उनका बचाना लाभदायक होगा, इससे क्रान्तिकारियों की हिंसक कार्यवाहियाँ लगभग समाप्त हो जायेंगी। मैं आपसे प्रार्थना करता हूँ कि इस सज़ा को आगे और विचार करने के लिए स्थगित कर दें।

दया कभी निष्फल नहीं जाती।

*( प्रतिवादी अधिवक्ता–ने जज महोदया को महात्मा गाँधी द्वारा लिखित पत्र प्रस्तुत किया।)*

वादी अधिवक्ता–माननीया ही बताएँ, क्या सरदार भगत सिंह का जीवन बचाने के लिए इतना भर को पर्याप्त माना जा सकता है?

प्रतिवादी अधिवक्ता–महोदया, मैं एक बात बताना भूल गया था कि महात्मा गाँधी ने सरदार भगत सिंह और उनके साथियों की जीवन रक्षा की दया करने की अपील के पहले आज तक कभी भी किसी व्यक्ति के लिए अंग्रेज़ी हुकूमत से क्षमा की माँग नहीं की थी। अभी तक तो उल्टा होता आ रहा था, अपने साथियों सहित स्वयं के लिए भी महात्मा गाँधी ब्रितानिया हुकूमत से अधिक से अधिक सज़ा की माँग किया करते थे। बात चूँकि मृत्युदण्ड की थी और वे सिद्धान्ततः मृत्युदण्ड को गलत मानते थे। जहाँ तक शहीद–ए–आजम भगत सिंह का सवाल है वे स्वयं भी अपनी ओर से क्षमा याचना के लिए कहाँ तैयार थे? अपने पिता द्वारा उनके बचाव पक्ष के लिए स्पेशल ट्रिब्यूनल के लिए आवेदन भेजने पर भगत सिंह इतने नाराज़ हो गये कि उन्होंने अपने पिता के इस कृत्य की तुलना गद्दारी तक से कर दी थी।

माननीय मेरे क़ाबिल मित्र ने कांग्रेस नेताओं के हस्ताक्षर युक्त माफ़ीनामा देने से इनकार करने की बात की है, वह बिल्कुल बेबुनियाद है, और बिना सिर–पैर की बात है।

जब भगत सिंह की जेल में भूख हड़ताल के दौरान उपवास रखने के कारण भगत सिंह की सेहत गिर रही थी, तो कांग्रेस के नेताओं की अपील पर ही भगत सिंह ने अपनी भूख हड़ताल छोड़ी और कांग्रेस को अपना लिखित सन्देश भेजा–अखिल भारतीय कांग्रेस कमेटी के आग्रह को मानते हुए आज हमने भूख हड़ताल ख़त्म करने का फ़ैसला किया है।

*(प्रतिवादी अधिवक्ता ने सरदार भगत सिंह का लिखित बयान जज महोदय को दिया)*

प्रतिवादी अधिवक्ता–इतना ही नहीं माननीया, कांग्रेस के नेता जवाहरलाल नेहरू लाहौर जेल में भूख हड़ताल पर बैठे भगत सिंह तथा अन्य क्रान्तिकारियों से भेंट करने गये तथा बाहर आकर यह वक्तव्य दिया–इन बहादुरों की यह बदहाली देखकर मुझे बहुत पीड़ा हुई। आज इस संघर्ष में उन्होंने अपने जान की बाज़ी लगा दी है। वे चाहते हैं कि राजनीतिक बन्दियों के साथ राजनीतिक बन्दियों की तरह बर्ताव किया

जाये। मुझे भरोसा है कि उनके बलिदान सफलता के ताज पहनेंगे।

माननीय सुभाषचन्द्र बोस और पण्डित नेहरू प्रारम्भ से ही भगत सिंह के मुकदमें में बहुत अधिक दिलचस्पी लेते थे। इसके लिए भगत सिंह के फाँसी वाले दिन जब उनके अधिवक्ता प्राण जीवन मेहता उनसे मिलने आये तो भगत सिंह ने उनसे कहा था–आप पण्डित नेहरू और सुभाषचन्द्र बोस को मेरा धन्यवाद कहिएगा, जो उन्होंने मेरे मुक़दमे में इतनी रुचि ली।

माननीया, महात्मा गाँधी का भगत सिंह की माफ़ी के लिए लिखित नामा आपके सामने प्रस्तुत किया है। नेहरू और सुभाष को तो स्वयं भगत सिंह ही धन्यवाद दे रहे हैं, मालवीय जी के बारे में मेरे मित्र स्वयं स्वीकार कर रहे हैं, तो कौन से कांग्रेस के और किस नेता ने महात्मा गाँधी के कहने पर माफ़ीनामा पर हस्ताक्षर देने से इनकार कर दिया? महोदया, यह अफ़वाह अंग्रेज़ी हुकूमत की साज़िश थी।

वादी अधिवक्ता–माननीया, विद्वान मित्र मामले को बरगला रहे हैं। भला अंग्रेज़ों की इसमें क्या साज़िश हो सकती है?

प्रतिवादी अधिवक्ता–माननीया, अंग्रेज़ी हुकूमत की बहुत बड़ी साज़िश थी। 29 मार्च को कराची में अखिल भारतीय कांग्रेस कमेटी का खुला अधिवेशन होने वाला था, और आनन–फानन में 23 मार्च को भगत सिंह और उनके साथियों को फ़ाँसी दे दी गयी। जब कि फाँसी टल जाने का यह सन्देश भले ही झूठा ही सही, जन साधारण में जाने दिया गया कि यदि महात्मा गाँधी चाहेंगे तो फ़ाँसी की सज़ा टल सकती है। तो फिर महात्मा गाँधी की अपील को वायसराय ने क्यों ठुकरा दिया?

माननीया, इस विषय पर पैनी दृष्टि रखने वाले सुभाषचन्द्र का लिखित डॉक्यूमेण्ट पेश है–उस समय महात्मा गाँधी अपनी लोकप्रियता के उच्चतम शिखर पर थे। पूरा देश उनके आगे नतमस्तक था। यह गाँधी–इरविन पैक्ट के बाद की बात है, कराची में गाँधी–इरविन पैक्ट की पुष्टि की जानी थी। सुभाष बोस इरविन पैक्ट के समर्थक नहीं थे। किन्तु सुभाष बोस ने करांची कांग्रेस अधिवेशन में गाँधी–इरविन पैक्ट का विरोध नहीं किया, क्योंकि उन्हें यह स्पष्ट दिखने लगा था कि गाँधी–इरविन पैक्ट और कांग्रेस कराची अधिवेशन के बीच भगत सिंह को फाँसी लगाने की अंग्रेज़ों की क्या मंशा थी। सुभाष बोस ने भाँप लिया कि सरकार सोच रही है कि भगत सिंह की फाँसी के बाद पैक्ट को तोड़ने

के लिए विरोध होगा, जिसमें कांग्रेस दो फ़ाँक में बँट जायेगी। माननीया सुभाष बोस का मानना था दरअसल, गाँधी–इरविन पैक्ट सरकार और राष्ट्रवादी नेताओं के बीच का पहला अवसर था जिसमें आपस में कुछ समझौता हुआ था। सरकार चाहती थी कि राष्ट्रवादी इस समझौते को तोड़ लें तो आगे ब्रिटिश साम्राज्य हमेशा के लिए यह आरोप लगाकर किसी भी तरह की वार्ता और सन्धि पर रोक लगा सकती है, कि राष्ट्रवादी ग़ैर–ज़िम्मेदार हैं इनसे कैसी वार्ता और सन्धि?

वादी अधिवक्ता–हो सकता है उल्टा भी हो जाता, पैक्ट तोड़ने के बाद सरकार झुक जाती। नौजवान पैक्ट को तोड़ने की माँग कर रहे थे जिसे गाँधी जी ने एक सिरे से ख़ारिज कर दिया। गाँधी जी पूरी दुनिया को अपना मज़बूत पक्ष दिखाना चाहते थे। इसी वजह से भगत सिंह को फाँसी की सज़ा हो जाने के बाद भी उन्होंने अपनी ज़िद नहीं छोड़ी और नौजवानों की भावना का ख्याल नहीं किया।

प्रतिवादी अधिवक्ता–मेरे मित्र के पास किसी भी बात का कोई ऐतिहासिक प्रमाण उपलब्ध नहीं है। सिर्फ़ सुनी–सुनाई बातों पर उन्होंने आरोप लगाये हैं। लेकिन मेरे पास इन आरोपों का ज़वाब भी है। महोदया, दरअसल बात आरोप के बिल्कुल उलट है। अंग्रेज़ी हुकूमत भी चाहती थी कि गाँधी–इरविन पैक्ट टूट जाये, गाँधी कमज़ोर हो जाये। क्योंकि अंग्रेज़ी हुकूमत को पता था जब भगत सिंह को फाँसी लग जायेगी तो जनमानस में आवाज़ उठेगी कि समझौता तोड़ दिया जाये। किन्तु प्रतिज्ञा तोड़ने को ईश्वर के दरबार में धोखा देने वाले के बराबर समझने वाले गाँधी कभी भी समझौते को भंग नहीं करेंगे। या तो कांग्रेस टूट कर दो टुकड़े हो जायेगी या गाँधी कमज़ोर हो जायेंगें।

लेकिन गाँधी को कमज़ोर कोई भी राष्ट्रभक्त देखना नहीं चाहता था, तभी तो शहीद–ए–आजम भगत सिंह के पिता जिन्होंने तेईस मार्च को अपना पुत्र खोया था, उसके तीन दिन बाद छब्बीस मार्च को कांग्रेस अधिवेशन में आँसू से तरबतर आँखों से देश की युवा पीढ़ी से अपील कर रहे थे–आप सभी से अपील है कि आप लोगों को अपने जनरल महात्मा गाँधी का साथ ज़रूर देना चाहिए। आपको सभी कांग्रेस नेताओं का साथ ज़रूर देना चाहिए, सिर्फ़ तभी आप देश की आज़ादी प्राप्त कर पायेंगे।

वादी अधिवक्ता–माननीया एक तरफ़ शहीद भगत सिंह के पिता

युवाओं से गाँधी के नेतृत्व में रहने का आह्वान कर रहे थे दूसरी ओर गाँधी जी ने भगत सिंह की मौत पर शोक तक प्रकट नहीं किया।

प्रतिवादी अधिवक्ता–माननीया, यह आरोप भी बे बुनियाद है। महात्मा गाँधी ने अपने शोक सन्देश में अपनी संवेदना इन शब्दों में प्रकट की थी–कांग्रेस किसी भी तरह की हिंसा से अपना सम्बन्ध नहीं रखते हुए स्वर्गीय भगत सिंह और उनके साथी सर्वश्री सुखदेव और राजगुरु के बलिदान और बहादुरी की प्रशंसा को अभिलेखबद्ध करती है और इनकी जीवन हानि पर शोकातुर परिवारों के साथ शोक प्रकट करती है। कांग्रेस की राय है कि इन तीनों को फाँसी पर लटकाना अत्यन्त निम्न प्रतिशोध का कृत्य है। और इस तरह सज़ा कम करने की राष्ट्र की सर्वमुखी माँग का जान बूझकर निरादर किया गया है। कांग्रेस की यह भी राय है कि इस कृत्य को करके सरकार ने जो दल निराश होकर राजनीतिक हिंसा का सहारा लेता है, उसे शान्ति के मार्ग पर लाने का सुनहरा मौक़ा खो दिया है।

*( प्रतिवादी अधिवक्ता जज महोदय को महात्मा गाँधी का लिखित बयान पेश करता है।)*

वादी अधिवक्ता–गाँधी जी ने एक बार भी भगत सिंह की प्रशंसा नहीं की। यहाँ तक कि नवयुवकों के द्वारा विरोध किये जाने पर, काले झण्डे और काले फूल दिये जाने के बाद भी अपनी बात पर अड़े रहे। यह गाँधी जी का अहंकार नहीं तो और क्या था? उनके इस व्यवहार के कारण शहीद–ए–आजम की शहादत के बाद भी देश के नेताओं ने उनसे एक दूरी बना ली।

प्रतिवादी अधिवक्ता–माननीय यह आरोप भी अन्य आरोपों की तरह बेबुनियाद और द्वेष पर टिका हुआ है। शहीद–ए–आजम की शहादत के बाद हुए काग्रेस अधिवेशन में पूरे पण्डाल ने सिसकी ली थी। तेईस मार्च को पण्डित नेहरू पहले व्यक्ति थे जिन्होंने सबसे पहले सरदार भगत सिंह को श्रद्धांजलि देते हुए कहा था, जिसका लिखित डॉक्यूमेण्ट है–भगत सिंह एक सच्चे योद्धा थे। जिन्होंने खुले में दुश्मनों का सामना किया, वह एक नौजवान लड़का था। जिसके अन्दर देश प्रेम कूट–कूट कर भरा था, वे चिंगारी की तरह थे जो थोड़े ही समय में ज़्वाला बन गयी और पूरे देश में फैले अन्धकार को मिटा गयी। पण्डित मदन मोहन मालवीय, सरदार पटेल सहित देश के सभी नेताओं ने इस शहादत को अपने सिर

माथे चढ़ाया था। सरदार पटेल ने अपने शोक सन्देश में कहा था–सरकार की पत्थर दिल और विदेशी प्रवृत्ति का इससे पहले कभी भी इतना कड़ा विरोध नहीं हुआ था, जितना उनकी फाँसी के बाद हुआ। जबकि सारे देश की माँग फाँसी की सज़ा बदलने की थी। हालाँकि इस रोष के माहौल में हमें अपनी उद्देश्य से नहीं भटकना चाहिए।

वादी अधिवक्ता–मित्र, हमें अनेक नेताओं के सन्देश नहीं सुनने हैं। अभी तक आपने गाँधी जी के अहंकार के बारे में एक शब्द भी नहीं कहा। मैं ऐसा समझूँ कि आप इससे सहमत हैं?

प्रतिवादी अधिवक्ता–आपने अन्य नेताओं का भी ज़िक्र किया था, इससे मेरा फ़र्ज़ बनता था कि मैं न्यायालय को सत्य बताऊँ। जहाँ तक महात्मा गाँधी के अहंकार की बात है, इससे बड़ा असत्य कुछ भी हो ही नहीं सकता। माननीया, महात्मा गाँधी जनता जनार्दन को अपना स्वामी मानते थे और स्वयं को उनका सेवक। जब नौजवानों ने उन्हें काले फूल दिये तो बहुत सारे लोगों को बहुत तकलीफ़ हुई, लेकिन गाँधी ने अपने वक्तव्य में स्वयं कहा है, जिसका लिखित डॉक्यूमेण्ट प्रस्तुत करता हूँ–वीर भगत सिंह और उनके दो साथी फ़ाँसी पर चढ़ गये। उनकी देह को बचाने के बहुतेरे प्रयत्न किये गये। कुछ आशा भी बँधी पर वह व्यर्थ हुई।

भगत सिंह को जीवित रहने की इच्छा नहीं थी, उन्होंने माफ़ी माँगने से इनकार किया, अर्ज़ी देने से इनकार किया। भगत सिंह अहिंसा के पुजारी नहीं थे, पर हिंसा को भी धर्म नहीं मानते थे। वह अन्य उपाय न देखकर ख़ून करने को तैयार हुए थे। उनका आख़िरी पत्र इस प्रकार था कि मैं लड़ते हुए गिरफ़्तार हुआ हूँ, मुझे फाँसी नहीं दी जा सकती, मुझे तोप से उड़ा दो, गोली मारो। इन वीरों ने मौत के भय को जीता था, उनकी वीरता के लिए उन्हें हज़ारों नमन।

माननीया, आपने सुना कि महात्मा गाँधी के मन में सरदार भगत सिंह की वीरता के लिए कितना सम्मान था, परन्तु मैं अपने क़ाबिल मित्र की इस बात से सहमत हूँ कि महात्मा गाँधी शहीद–ए–आजम की कार्यशैली के प्रशंसक नहीं थे। इसका भी लिखित डॉक्यूमेण्ट पेश है–

शहीद भगत सिंह की वीरता को हज़ारों नमन पर उनका कार्य अनुकरणीय नहीं है। मेरे इस अनुमान के बारे में मतभेद भले हो पर इस बात से इनकार नहीं कर सकता कि अगर हमारे यहाँ किसी की हत्या करने वाले की प्रशंसा करना रूढ़ि हो जाये तो जिसे हम न्याय समझते हैं

उसके लिए एक–दूसरे का ख़ून करने लगें। जिस देश में करोड़ों कंगाल और अपाहिज लोग हों, उस देश में यह स्थिति भयानक होगी। हमारे बल प्रयोग का असर इन ग़रीबों पर पड़े बिना नहीं रहेगा।

सरकार ने फाँसी देकर अपना पशु स्वभाव प्रकट किया है। लोकमत का तिरस्कार कर सत्ता के मद का ताज़ा प्रदर्शन किया है।

इसीलिए इन वीरों की वीरता की स्तुति करते हुए, इनकी प्रवृत्ति का अनुसरण नहीं करें।

*(प्रतिवादी अधिवक्ता ने महात्मा गाँधी के कथन का लिखित डॉक्यूमेण्ट पेश किया।)*

वादी अधिवक्ता–महोदया, अभी तक हमारे क़ाबिल मित्र ने महात्मा गाँधी की अहंकार शून्यता का कोई प्रमाण नहीं दिया, लेकिन बड़ी ढिठाई के साथ हमारे आरोपों को बेबुनियाद बता दिया।

*(प्रतिवादी अधिवक्ता ने मुस्कुराते हुए जवाब दिया)*

प्रतिवादी अधिवक्ता–महोदया मेरे पास उनकी अहंकारशून्यता का लिखित प्रमाण है–महात्मा गाँधी ने नवयुवकों को विरोध के बाद, नवयुवकों के उत्तेजित व्यवहार एवं आक्रोशित होने पर समझाते हुए अपनी बांत कही थी–

भगत सिंह और उनके साथियों को फाँसी पर लटकाकर सरकार ने लोगों को ग़ुस्सा होने का जबरदस्त कारण दिया है। मुझे भी इससे चोट पहुँची है, हमारे विचार–विमर्श और बातचीत से मुझे धुंधली–सी आशा बँध गयी थी कि भगत सिंह, राजगुरु और सुखदेव शायद बच जायेंगे। मैं उन्हें नहीं बचा सका, इससे अगर नौजवान मुझ पर ग़ुस्सा होते हैं, तो मुझे आश्चर्य नहीं होता है। इसका कोई कारण नहीं कि मैं भी उनसे ग़ुस्सा होऊँ। जो आदमी मानव जाति की सेवा करने का दावा करता है, उसका धर्म है कि वह उन पर क्रोध न करे, जिनकी वह स्वयं सेवा करता है। सेवक का यही सच्चा धर्म है कि वह अपने स्वामी पर क्रोध न करे। इसीलिए मैं कहता हूँ उन नौजवानों को क्रोध करने का हक़ था, मुझे नहीं। पर इतना अवश्य कहूँगा कि क्रान्तिकारी गतिविधियाँ हमें अपने लक्ष्य के क़रीब नहीं लाकर, दूर कर देती हैं।

*(प्रतिवादी अधिवक्ता ने जज महोदय को डॉक्यूमेण्ट पेश किया)*

वादी अधिवक्ता–महोदया!, मेरे क़ाबिल मित्र ने बहुत सारे लिखित प्रमाण पेश किये हैं लेकिन वे अपने ही भ्रमजाल में उलझ से गये हैं। एक

तरफ़ वे कहते हैं गाँधी अहिंसक थे, हिंसा का समर्थन नहीं कर सकते थे। दूसरी ओर वे यह भी दावा पेश करते हैं कि उन्होंने भगत सिंह की माफ़ी की कोशिश भी की थी।

प्रतिवादी अधिवक्ता—माननीया, सत्य पर भ्रम का लेप चढ़ाने का काम तो हमारे विद्वान मित्र का है। इतनी देर से मैं प्रमाण सहित सारे तथ्यों को पेश कर रहा हूँ। जबकि हमारे मित्र ने एक भी तथ्य पेश नहीं किया। एक भी प्रमाण—पत्र प्रस्तुत नहीं किया। बस ज़िद के एक खूँटे से बन्धे हैं कि मुझे कोई बात माननी ही नहीं। महोदया, महात्मा गाँधी अहिंसक थे, इसी से वे किसी भी तरह के मृत्यु—दण्ड के विरोधी थे। इसके कारण भी वे फाँसी की सज़ा को मानवता विरोधी मानते थे, और उसका विरोध करते थे।

उन्होंने भगत सिंह की देशभक्ति को हज़ारों बार नमन किया और उनकी फाँसी सज़ा की माफ़ी के लिए प्रयास भी किया।

वादी अधिवक्ता—माननीया, दरअसल महात्मा गाँधी क्रान्तिकारियों के योगदान को भारतीय स्वतन्त्रता आन्दोलन में नकारने की कोशिश करते रहे हैं, इससे उन्हें लगता था कि हिंसक आन्दोलन आज़ादी प्राप्त करने में बाधा पहुँचता है।

प्रतिवादी अधिवक्ता—माननीया, अभी तक के प्रमाण और वक्तव्य से आपको विश्वास हो गया होगा कि महात्मा गाँधी क्रान्तिकारियों के प्रति क्या धारणा रखते थे। माननीया, यह बात बिल्कुल सत्य है कि महात्मा गाँधी हिंसक आन्दोलन को न देश हित में सही मानते थे और न आज़ादी के लिए। महात्मा गाँधी ने हिंसक आन्दोलन देश और आज़ादी के लिए कैसे अहितकर है, वह भी स्वयं भी बताया है, लिखित प्रमाण पेश करता हूँ—

क्रान्तिकारी गतिविधियों की वज़ह से फ़ौज़ी ख़र्च बढ़ाए जाते हैं और वे सारे पैसे गरीब देशवासियों से वसूले जाते हैं।

दूसरी बात जब भी एक क्रान्तिकारी की हत्या होती है और हत्या के बाद सच, झूठ, दुराव—छिपाव तो इतने अधिक बढ़ जाते हैं कि उस जगह पर नैतिक पतन ही होता है।

तीसरी बात क्रान्तिकारी हिंसक गतिविधि में मृत्यु भय के कारण जनसाधारण के लिए भाग लेना सम्भव नहीं होता।

चौथी बात लोगों की है, क्रान्तिकारियों की मदद करने में लोगों को

अधिक आर्थिक बोझ उठाना पड़ता है, दूसरी ओर सरकार के गुस्से और मार को भी झेलना पड़ता है। अतः जनसाधारण के ऊपर दोहरी मार पड़ती है। जिसे बहुत दिनों तक वे नहीं झेल पायेंगे और फिर इन बातों से उदासीन हो जायेंगे।

पाँचवीं बात अगर क्रान्तिकारी अपने तरीके से लोगों को बदलना चाहते हैं, तो हमें लम्बे समय तक इन्तज़ार करना पड़ेगा, क्योंकि उन्हें सभी लोगों को पहले हिंसा के तौर–तरीके सिखाने होंगे, आज़ादी पाने के लिए।

छठी बात हिन्दुस्तानी मिट्टी, हिन्दुस्तान की सभ्यता में क्रान्तिकारी हत्या नहीं पनप सकती जैसा इतिहास हमें सिखाता है। लेकिन कभी यहाँ वह हिंसक तरीक़ा लोकप्रिय हो जाये तो उसकी क़ीमत हमारा सिर ही होगा।

*(प्रतिवादी अधिवक्ता ने लिखित प्रमाण–पत्र को प्रस्तुत किया)*

प्रतिवादी अधिवक्ता–माननीया, अभी तक जितने भी प्रमाण–पत्र मुझे उपलब्ध हुए हैं उसे आपको पेश कर चुका हूँ। अब मैं सिर्फ़ पाँच मिनट में अपनी बात समाप्त करना चाहूँगा।

माननीया, मैं अपने पक्ष–विपक्ष की ओर से नहीं, निष्पक्ष होकर यही कहूँगा कि महात्मा गाँधी पर भगत सिंह को नहीं बचाने का आरोप अंग्रेज़ी हुकूमत द्वारा लगाया गया ऐसा विषबेल है जो आज तक फल फूल रहा है।

यदि भगत सिंह की फाँसी की सज़ा माफ़ होती तो सबसे अधिक शक्ति किसी की बढ़ती तो गाँधी की, अहिंसा की बढ़ती। माननीया, कितने आश्चर्य की बात है सरदार भगत सिंह, सुखदेव और राजगुरु को फाँसी लगाई अंग्रेज़ी हुकूमत ने लेकिन उसने कितनी चालाकी से दोषी बना दिया महात्मा गाँधी को। उसकी धूर्तता और साजिश के शिकार कुछ भोले–भाले व्यक्ति भी हुए। कुछ नफ़रत में जीने वाले व्यक्तियों ने भी इस साज़िश को अपने ढाल के रूप में इस्तेमाल किया।

महोदया, आप ही बताएँ, आज देश में कितने लोगों को पता है कि अंग्रेज़ी हुकूमत ने क्रान्तिकारियों में से छह सौ किशोरों को साम, दाम, दण्ड, भेद की नीतियाँ अपनाकर उन्हें अपना गवाह बना लिया था। कितने लोगों को पता है भगत सिंह के साथ साण्डर्स को पहचानने वाला जय गोपाल और भगत सिंह की पोस्टर्स की नकल करने वाला हंसराज

बोहरा सरकारी गवाह बनकर भगत सिंह, सुखदेव और राजगुरु को फाँसी के फन्दे पर पहुँचाने के कारण बने। जय गोपाल को भगत सिंह अपने संगठन का गहना मानते थे, वह उन्हें पकड़वाकर मुक़दमे की पेशी में अपनी मूँछ ऐंठ रहा था। पर आज कोई भी व्यक्ति उन्हें भगत सिंह को फाँसी के लिए ज़िम्मेवार नहीं मानता, क्योंकि अँग्रेज़ी हुकूमत ने उनके नाम को नहीं उछाला। अग्रेज़ी हुकूमत को इन शिखंडियों के नाम उछालने से क्या मिलने वाला था?

माननीया, सत्य तो यही है कि उस समय देश के सभी क्रान्तिकारी महात्मा गाँधी का बहुत आदर करते थे। क्रान्तिकारी चावला ने लिखा है कि जब महात्मा गाँधी से अपनी मुलाक़ात करने की बात उन्होंने क्रान्तिकारियों को बताई, तो क्रान्तिकारियों ने उन्हें चेताया—अरे वे मनुष्य नहीं कीमियागर हैं, कीमियागर। हमारे हाँ की ना और ना की हाँ करा देने का जादू है उनके पास। हम तो, जिस दिशा में वे रहते हैं उस दिशा में सिर रखकर सोते भी नहीं कि कहीं वे हमारे दिमाग़ से हिंसा उड़ा न दें।

माननीया, आज यदि भगत सिंह होते तो वे कभी भी महात्मा गाँधी पर ऐसे आरोप लगाने वाले व्यक्तियों को माफ़ नहीं करते। हमें यह नहीं भूलना चाहिए कि लाला लाजपत राय से भगत सिंह के हज़ार मतभेद थे। लाला लाजपत राय के सिद्धान्त उनसे मेल नहीं खाते थे और यदा कदा वे भगत सिंह की नीतियों की आलोचना भी करते थे। परन्तु जब उन पर लाठियाँ चलीं तो भगत सिंह ने क्या किया? अपने नेता की हत्या से विचलित होकर उन्होंने अपनी जान कुर्बान कर दी। भगत सिंह आज होते तो क्या करते? वे गाँधी के हत्यारे और उस हत्यारी विचारधारा के साथ क्या सलूक करते?

माननीया, मैंने अपनी बात विनम्रता के साथ न्यायालय के समक्ष रखी है। न्यायालय से न्याय की उम्मीद रखता हूँ।

जज वादी पक्ष के अधिवक्ता से कहती है—आपको भी अपनी ओर से कुछ कहना है?

वादी अधिवक्ता—दैट्स ऑल महोदया, मैं भी न्यायालय से न्याय की उम्मीद रखता हूँ।

जज—कल तक के लिए फ़ैसले को स्थगित किया जाता है।

## दृश्य दो

जज महोदया, जजमेण्ट सुनाने के लिए अपना चश्मा पहनती हैं।

जज–दोनों पक्षों के आरोप–प्रत्यारोप सुनने के बाद न्यायालय यह समझता है कि इस आरोप के पीछे मुख्य रूप से अंग्रेज़ी हुकूमत की साज़िश ही है। भगत सिंह की फाँसी की सज़ा माफ़ कराने हेतु महात्मा गाँधी की अपील पर अँग्रेज़ों द्वारा ऐसी रणनीति का बनाना, कि अवाम को लगे कि फाँसी रुक जायेगी और अचानक समय से पहले ही कराची काँग्रेस अधिवेशन प्रारम्भ होने से दो दिन पहले फाँसी देने के कृत्य के पीछे एकमात्र मकसद तो यही नज़र आता है कि उसे काँग्रेस में विद्रोह की सम्भावना और नवयुवकों में गाँधी जी के प्रति आक्रोश की सम्भावना दिखाई पड़ रही थी।

परन्तु शुक्र है कि उस समय भारतीय जनता ने अग्रेज़ी साम्राज्यवादी चाल को विफल बना दिया और इस फाँसी के बाद लगभग हिंसक आन्दोलन का अन्त हो गया।

आज इतने सालों के बाद हमारे सामने सारा परिदृश्य स्पष्ट है। हमने देखा है अपनी आँखों से, अहिंसा के रास्ते पर चलकर गाँधी के नेतृत्व में देश को आज़ादी मिली। आज पूरे विश्व में ऐसे कई संगठन हैं, ऐसे बहुतेरे व्यक्ति हैं, जो अपने धर्म, जाति और क्षेत्र के नाम पर जान लेने और देने की घटनाओं का अंजाम पहुँचाते रहते हैं। हर आतंकवादी संगठन का मानना है कि उन्होंने अपनी कौम, देश, वर्ग और जाति की सेवा की है। मरने वालों को शहीद की उपाधि से भी नवाज़ा जाता है।

यही कारण था कि महात्मा गाँधी बराबर कहते रहे कि भगत सिंह की देशभक्ति में कोई कमी नहीं पर उनका रास्ता गलत है। भले ही इसके लिए महात्मा गाँधी को कुछ लोगों की गालियाँ भी सुननी पड़ीं। परन्तु उन्होंने गाली की परवाह नहीं की, क्योंकि उन्हें विश्वास था कि यदि हिंसा की प्रशंसा की जायेगी तो बहुत सारे भोले–भाले, निर्दोष और अबोध युवा हिंसा के दलदल में फँस जायेंगे।

एक बात और आज तक किसी भी व्यक्ति से जिसकी गाँधी में आस्था है, कभी भी भगत सिंह की निन्दा करते हुए नहीं सुना। फिर वे कौन–से तत्त्व हैं जिन्हें भगत सिंह की महिमा का गान करने के लिए महात्मा गाँधी को गाली देना आवश्यक लगता है? विचारधारा में भिन्नता

रखना एक स्वाभाविक प्रक्रिया हो सकती है। पर एक महान देशभक्त को प्रतिष्ठित करने के लिए दूसरे महान भक्त को गाली देने वाले की विचारधारा के पोषकों को भी नहीं पता कैसे इससे देश की नींव कमज़ोर हो जाती है। साम्राज्यवादियों की लगाई आग की लपटें इतने दिनों के बाद भी ठण्डी क्यों नहीं हुईं? इस पर समस्त देशवासियों को विचार करने की आवश्यकता है। निष्कर्षतः न्यायालय समझता है, महात्मा गाँधी ने यह प्रयास किया कि भगत सिंह को फाँसी नहीं दी जाये। उन्हें भगत सिंह की देशभक्ति पर गौरव भी था, परन्तु वे भगत सिंह की हिंसक कार्यवाही को सही नहीं ठहरा सकते थे। क्योंकि इससे उनका अहिंसा पर आधारित जीवन दर्शन ही समाप्त हो जाता।

यह आज केवल भारत को ही नहीं विश्व को समझने की आवश्यकता है कि, यदि हम एक रक्तपात को भी जायज़ ठहराते हैं तो कुछ लोग लादेन के रक्तपात को जायज़ ठहराने वाले मिलेंगे तो कुछ लोग जॉर्ज बुश के, कोई कश्मीर के रक्तपात को आज़ादी से जोड़ेगा, तो कोई नक्सली रक्तपात को विषमता से, कोई–कोई आईसीस को भी सही ठहराएगा। महात्मा गाँधी ने इसी से अहिंसा के रास्ते को सर्वश्रेष्ठ मानकर देश को बचाने के लिए हिंसा की प्रशंसा नहीं की।

# खण्ड दो

## दृश्य एक

न्यायालय परिसर के बड़े से हाल में दोनों पक्ष के अधिवक्ता अपनी फ़ाइलों के साथ बैठे हैं। कभी–कभी डायरी को उलट–पुलट रहे हैं। दर्शक–दीर्घा खचाखच भरी है। जज महोदया के आते ही सब खड़े हो जाते हैं। जज महोदया के बैठने के बाद नेपथ्य से एक आवाज़ आती है–जैसा कि आप सबको यह पता है कि इस न्यायालय में एक अनोखे मुक़दमे की कार्रवाई चल रही है। ऐसा इसके पहले किसी न्यायालय में नहीं आया ऐसा मुक़दमा। हमारे देश के राष्ट्रपिता पर वर्तमान में कुछ ऐसे गम्भीर आरोप लगाये जा रहे हैं, जो इतिहास में दर्ज हैं। वर्तमान में इतिहास पढ़ने वालों की तादाद घटती जा रही है पर ऐतिहासिक पहलुओं पर बे–सिर पैर की टिप्पणियाँ करनेवालों की संख्या बढ़ती जा रही है। कल ही एक आरोप के मुक़दमे का निष्पादन हुआ है और आज एक बार फिर दूसरे आरोप पर मुक़दमे की कार्यवाही प्रारम्भ होने वाली है।

*(दर्शकदीर्घा से फुसफुसाने की आवाज़ आ रही है–आज क्या आरोप है?)*

*(जज महोदय गम्भीर मुद्रा में चुपचाप बैठी थी वे तन कर बैठते हुए कहती हैं )*

जज–कृपया शान्ति बनाये रखें, मुक़दमे की कार्यवाही प्रारम्भ की जाती है।

वादी अधिवक्ता–एक बात साफ़ कर देना चाहता हूँ, मैं गाँधी जी का बहुत सम्मान करता हूँ। आज मैं जो आरोप लगाने जा रहा हूँ वह पूरी तरह सत्य है। गाँधी जी ने कांग्रेस के अध्यक्ष पद से सुभाषचन्द्र बोस को हटाया था, जबकि वे पूर्ण बहुमत से जीत कर कांग्रेस के अध्यक्ष बने थे। सुभाषचन्द्र बोस बहुत ही क़ाबिल नेता थे, बहुत महान देशभक्त

थे। यदि वे कांग्रेस के अध्यक्ष रहते तो देश और पहले आज़ाद हो गया होता।

प्रतिवादी अधिवक्ता–महोदया, मेरे क़ाबिल मित्र को कहाँ से इस बात की जानकारी मिली कि महात्मा गाँधी ने सुभाषचन्द्र बोस को कांग्रेस के अध्यक्ष पद से हटाया?

वादी अधिवक्ता–हटाया या हटने के लिए मजबूर किया, महोदया दोनों का एक ही अर्थ है।

प्रतिवादी अधिवक्ता–आपको इसकी जानकारी कहाँ से मिली कि महात्मा गाँधी ने सुभाषचन्द्र बोस को मजबूर किया?

वादी अधिवक्ता–महोदय इसका लिखित प्रमाण–पत्र है। गाँधी जी ने दूसरी बार सुभाषचन्द्र बोस के अध्यक्ष पद पर चयनित होने के बाद स्वयं कहा कि सीतारमैया की हार मेरी हार है। महोदया, सीतारमैया सुभाष चन्द्र बोस के कांग्रेस अध्यक्ष चुनाव में प्रतिद्वन्द्वी थे।

*( वादी अधिवक्ता जज महोदया को लिखित प्रमाण–पत्र सौंपता है )*

प्रतिवादी अधिवक्ता–मैं अपने अधिवक्ता मित्र की इस बात से सहमत हूँ कि महात्मा गाँधी ने यह वक्तव्य दिया था कि सीतारमैया की हार, मेरी हार है।

वादी अधिवक्ता–महाशया, दरअसल गाँधी जी चाहते ही नहीं थे कि सुभाष बोस कांग्रेस के अध्यक्ष बने।

प्रतिवादी अधिवक्ता–ऑब्जेक्शन महोदया, मेरी सहमति उस वक्तव्य को लेकर थी लेकिन मेरे अधिवक्ता मित्र तो महात्मा गाँधी के मन की बात जानने का दावा करने लग गये।

महोदया, सही बात कुछ और है। 1936 में सुभाषचन्द्र बोस वियना में थे, वहाँ स्वास्थ्य लाभ कर रहे थे। वियना उनके सर्वाधिक पसन्दीदा स्थानों में से एक था। 1936 में कमला नेहरू की मृत्यु के समय वे जवाहर लाल नेहरू के साथ खड़े थे। इसका फ़ोटोग्राफ भी है।

*( प्रतिवादी अधिवक्ता जज महोदय की ओर तस्वीर बढ़ाता है।)*

वादी अधिवक्ता–महोदया, इस तस्वीर से इस आरोप का क्या लेना–देना?

प्रतिवादी अधिवक्ता–लेना–देना है महोदया, 1936 में सुभाषचन्द्र बोस वियना प्रवास में थे। 1936 में ही जब जवाहरलाल नेहरू के कांग्रेस अध्यक्ष बनने की ख़बर सुभाष बोस को मिली तो वे भारत के लिए

रवाना हुए। लेकिन भारत पहुँचते ही उनकी गिरफ़्तारी हो गयी। नेहरु ने अपने अध्यक्षीय भाषण में सुभाष चन्द्र बोस की गिरफ़्तारी को बहुत ही प्रमुखता से उठाया—श्री सुभाषचन्द्र बोस की गिरफ़्तारी ने एक सिद्धान्त का रूप धारणकर लिया है और इस सम्बन्ध में विशेष काम करने की आवश्यकता है।

*('प्रतिवादी अधिवक्ता उस भाषण की प्रतिलिपि जज महोदय को देता है)*

महोदया, कृपया नोट करें कि 1936 में सुभाषचन्द्र बोस कांग्रेस कार्यकारिणी के सदस्य तक नहीं थे, लेकिन कांग्रेस अध्यक्ष जवाहरलाल नेहरू ने उन्हें कांग्रेस कार्यकारिणी का अभिन्न अँग बना लिया। महोदया 1936 में जब सुभाष बोस स्वास्थ्य लाभ के लिए कुछ दिनों के लिए डलहौज़ी में थे, तो महात्मा गाँधी ने अपनी मानस पुत्री मीरा बहन को उनके पास भेजा था, और वे स्वयं सुभाष बोस के इलाज से लेकर खानपान तक में बहुत अधिक रुचि रखते थे। कुछ दिनों के बाद सुभाष चन्द्र बोस पुनः वियना चले गये। इस बात को प्रमाणित करने के लिए मैं यह पत्र न्यायालय को दिखाना चाहता हूँ।

*(प्रतिवादी अधिवक्ता जज महोदय को पत्र देता है।)*

प्रिय सुभाष

आपने जो पूछताछ की थी उसका उत्तर मैंने तार से भेजा था आशा है मिल गया होगा। बारह वर्षों के बाद मुझे बुख़ार हो आया था। इसी कारण से आपके प्रश्नों के उत्तर देने में देर हुई।

1. मैं स्वास्थ्य के ख़्याल से चाय या कॉफ़ी में से किसी को भी आवश्यक नहीं मानता, बल्कि उनसे अक्सर नुकसान ही होता है। यदि चाय हल्की सूखी घास के रंग की बनी हो और कॉफ़ी में दूध की मात्रा अधिक, और एक या दो ही चम्मच कॉफ़ी हो, तो चाय और कॉफ़ी से नुक़सान नहीं भी हो सकता है।

2. स्वस्थ गाय के साफ़–सुथरे थनों से निकला ताज़ा दूध यदि बिना उबाले और गर्म किये कच्चा ही पिया जाये तो वह सर्वश्रेष्ठ आहार होता है। इसके बाद सुखाये हुए दूध को मैं श्रेष्ठ मानता हूँ। कुछ लोगों के लिए मीठा दही उत्तम होता है। दही के माध्यम से ख़मीर मिल जाता है, और इस तरह फलों की आवश्यकता भी नहीं रह जाती।

3. पत्तेदार भाजियों का उपयोग सलाद की तरह किया जाये तो

अधिक अच्छा अवश्य होना चाहिए। वैसे हर तरह के पत्ते कच्चे नहीं खाये जा सकते, पत्ती वाली सब्ज़ियों के अलावा प्याज, छिलके सहित मूरा, कुम्हड़ा, परवल, पत्ता गोभी, फूल गोभी, चुकन्दर गुणकारी है। आलू और ज़मीन के अन्दर होने वाले दूसरे स्टार्च युक्त चीज़ों का उपयोग कम होना चाहिए।

4. अच्छी पाचन शक्ति के लिए खजूर बहुत ठीक आहार है। अधिक आसानी से पचती है। मैं दोनों जी भरकर ले सकता हूँ पर सबके लिए यह सम्भव नहीं है। बाकी लोग किशमिश और मुनक्का ले सकते हैं।

5. पश्चिम में कच्चे लहसुन और प्याज के प्रयोग पर काफी ज़ोर दिया जाता है। मैं रक्तचाप के लिए नियमित तौर पर कच्चा लहसुन लेता हूँ। यह सर्वोत्तम विष नाशक औषधि है। रोगियों को भी लहसुन के उपयोग की सलाह दी जाती है।

मेरा ख़याल है कि इन दोनों भाइयों के ख़िलाफ़ लोगों के पूर्वाग्रह का कारण इनकी गन्ध है। हालाँकि इनका यही सार तत्त्व है। यह पूर्वाग्रह वैष्णव सम्प्रदाय के उदय के साथ पैदा हुआ।

वादी अधिवक्ता–महोदया, मेरे क़ाबिल मित्र बेवजह न्यायालय का क़ीमती वक़्त मुद्दे को भटकाने में बर्बाद कर रहे हैं।

प्रतिवादी अधिवक्ता–महोदया, मैं विषयवस्तु से एक क्षण के लिए भी नहीं भटका हूँ। मैं एक सीडी दिखाना चाहता हूँ, यह सीडी महात्मा गाँधी के सचिव महादेव देसाई के पुत्र नारायण देसाई की है। सीडी में नारायण देसाई अपनी आँखों देखा वर्णन करते हुए दिखाई दे रहे हैं–1936 में नेहरू के अध्यक्षीय कार्यकाल के बाद अगला अध्यक्ष कौन पर चर्चा हो रही थी, महात्मा गाँधी के साथ पटेल, नेहरू, आज़ाद, राजेन्द्र प्रसाद आदि बैठे थे। महात्मा गाँधी ने अपना दृष्टिकोण रखा–सुभाष बोस को अध्यक्ष बनाया जाये यह मेरा मत है। महात्मा गाँधी का मत जानते ही कांग्रेस कार्यकारिणी समिति ने उन्हें सर्वसम्मति से अपना अध्यक्ष बना लिया। सुभाष चन्द्र बोस को वियना में इस बात की ख़बर मिली कि आप कांग्रेस के अध्यक्ष मनोनीत किये गये हैं, तब वे भारत वापस आये।

वादी अधिवक्ता–माननीया, मैं प्रथम बार के अध्यक्ष पद की बात नहीं कर रहा। मैं बात कर रहा हूँ दूसरी बार अध्यक्ष बनने के बाद की। गाँधी जी ने जब सुभाष चन्द्रबोस के रुख को अपने विरोध में समझा तब उन्होंने सुभाषचन्द्र बोस को अध्यक्ष पद से हटने के लिए मजबूर किया।

प्रतिवादी अधिवक्ता—माननीय महात्मा गाँधी ने अपने जीवन में किसी के साथ मतभेद को मनभेद में नहीं बदलने दिया।

मेरे क़ाबिल मित्र को शायद पता नहीं, सुभाषचन्द्र बोस को जब पहली बार कांग्रेस अध्यक्ष पद के लिए मनोनीत किया गया था, उसके पहले की बात है। 1933 में जब कांग्रेस अधिवेशन में स्वाधीनता प्राप्त करने के लिए सविनय अवज्ञा के साथ—साथ विदेशी वस्तुओं के बहिष्कार का निर्णय लिया गया था। अंग्रेज़ी हुकूमत का दमन चक्र बढ़ गया था। कस्तूरबा, मोतीलाल नेहरू, मालवीय जी सहित तेज़ी से अन्य नेताओं की गिरफ़्तारी हो रही थी। कांग्रेस का उत्साह परवान पर था। उसी समय महात्मा गाँधी ने सविनय अवज्ञा को छह सप्ताह के लिए स्थगित कर दिया और यह फ़ैसला लिया कि वे उपवास करेंगे। सुभाषचन्द्र बोस क्षुब्ध हो गये। उन्होंने स्वयं लिखा है—अचानक मई में एक दिन लोग यह सुनकर भौचक रह गये। जब उन्होंने सुना कि महात्मा गाँधी ने सविनय अवज्ञा आन्दोलन को छह सप्ताह के लिए स्थगित कर दिया है। और उपवास भी क्यों? उपवास का उद्देश्य हृदय परिवर्तन था, वह भी अंग्रेज़ नौकरशाही का नहीं वरन् अछूतों की दुर्दशा के लिए उत्तरदायी भारतीयों का।

माननीया, उस समय वियना में सुभाषचन्द्र बोस और विट्ठल भाई पटेल दोनों ने मिलकर एक घोषणा—पत्र निकाला। जिसमें लिखा था—महात्मा जी के इस निर्णय ने पिछले तेरह वर्षों के काम और कुर्बानियों पर पानी फेर दिया। इससे सविनय अवज्ञा आन्दोलन और महात्मा जी के नेतृत्व की असफलता का पता चलता है।

*(प्रतिवादी अधिवक्ता लिखित डॉक्यूमेण्ट को जज महोदया को बढ़ाता है)*

माननीया, यह अलग बात है कि घोषणा—पत्र का भारत में कोई प्रभाव नहीं पड़ा। सुभाषचन्द्र बोस ने स्वयं लिखा है कि महात्मा जी के स्वास्थ्य की जनता को उस समय इतनी चिन्ता थी कि इस घोषणा—पत्र का कोई प्रभाव नहीं पड़ा। यही नहीं, मेरे मित्रों तक ने सोचा कि अनशन के समय महात्मा जी की आलोचना करना बेरहमी का काम था।

*( प्रतिवादी अधिवक्ता सुभाषचन्द्र बोस का लिखित घोषणा—पत्र जज महोदय को बढ़ाता है)*

वादी अधिवक्ता—महोदया मेरी समझ में यह बात नहीं आ रही कि

इस कागज़ के पुलिन्दे का मुक़दमे से क्या सम्बन्ध है? यह दूसरा मुद्दा है, सुभाषचन्द्र बोस का गाँधी जी से मतैक्य नहीं था।

प्रतिवादी अधिवक्ता–माननीया, यही बात तो मुझे बतानी है कि सुभाषचन्द्र बोस का महात्मा गाँधी से मतैक्य नहीं था। इतना ही नहीं वे उनके विरोध में घोषणा–पत्र निकाल चुके थे। उसके बावजूद भी 1938 में गुजरात के हरिपुरा कांग्रेस सम्मेलन में महात्मा गाँधी ने सुभाष बोस के कांग्रेस अध्यक्ष बनने के लिए पहल की। माननीया, वैसे व्यक्ति पर यह आरोप कैसे लगाया जा सकता है, जो अपने विरोध में घोषणा–पत्र जारी करने के बाद भी सुभाषचन्द्र बोस को अध्यक्ष पद पर मनोनीत करता है। महात्मा गाँधी की दृष्टि में राष्ट्र कार्य में अपने व्यक्तिगत विरोध का कोई महत्त्व नहीं था।

19 फ़रवरी, 1938 के कांग्रेस अधिवेशन में सरदार वल्लभ भाई पटेल के वक्तव्य के बाद महात्मा गाँधी ने सरदार पटेल को लिखा था–तुम्हारा भाषण बहुत गर्म था। यदि तुम्हें अपनी भूल महसूस हो तो तुम सुभाष की विशेष अनुमति लेकर मंच पर जाकर उनके आँसू पोंछना और उन्हें हँसाना। हम जैसे को तैसा वाला व्यवहार नहीं कर सकते।

महोदया इस लिखित डॉक्युमेण्ट को देखकर न्यायालय महात्मा गाँधी के मनोभाव को समझ सकता है कि वे सुभाष बोस की भावनाओं का कितना ख़्याल रखते थे।

वादी अधिवक्ता–जब सुभाष बोस से विरोध ही नहीं था, तब सीतारमैया की हार गाँधीज़ी की हार कैसे बन जाती है? मेरे क़ाबिल मित्र इस बात का जवाब देंगे।

प्रतिवादी अधिवक्ता–मैंने व्यक्तिगत विरोध की बात की, नीतियों का विरोध एक अलग बात है। महोदया, सुभाषचन्द्र बोस जब पहली बार अध्यक्ष बने तो अपने अध्यक्षीय भाषण में उन्होंने कहा–

*(लिखित डॉक्यूमेण्ट प्रस्तुत है)*

'भारत महात्मा गाँधी को नहीं खोना चाहता। विशेषकर ऐसे समय में जब कि लोगों में एकता स्थापित करने के लिए उनकी आवश्यकता है। क्या युद्ध की कटुता और घृणा से बचाये रखने के लिए हम उन्हें चाहते हैं? नहीं–नहीं, मनुष्य मात्र के हित के लिए हम उन्हें चाहते हैं।

वादी अधिवक्ता–माननीया, महात्मा गाँधी की महानता पर कौन उँगली उठा रहा है? बात सुभाष बोस के अध्यक्ष पद से हटाये जाने की

हो रही है। मेरे क़ाबिल मित्र इस बात का जवाब दें कि सीतारमैया की हार गाँधी की हार है, का क्या उत्तर है?

प्रतिवादी अधिवक्ता–माननीय, मूलतत्त्व पर आ रहा हूँ। महात्मा गाँधी के नेतृत्व में कांग्रेस एक अहिंसक संस्था की तरह काम कर रही थी। परन्तु सुभाष बोस की उक्ति थी कांग्रेस को अपनी काया पलट करनी चाहिए, यदि पूरा कांग्रेस नहीं बदले तो उसके अन्दर एक उग्रमत के लोगों को एक नई पार्टी बननी चाहिए।

*(इसका लिखित डॉक्यूमेण्ट है)*

सुभाष चन्द्र बोस की कार्यनीति इस ओर झुकने लगी। माननीया, यह बात अहिंसावादी नीतियों के समर्थक कांग्रेसियों को अखरने लगी, और सुभाषचन्द्र बोस के दूसरे कार्यकाल के लिए पूर्ण सहमति नहीं बन सकी। महोदया, द्वितीय विश्व युद्ध छिड़ चुका था। सुभाषचन्द्र बोस समझ रहे थे अभी अवसर है, दुश्मन की कमज़ोरी से लाभ उठाने का, और यह काम वे कांग्रेस के अध्यक्ष पद पर रहकर ही कर सकते थे। सुभाष जानते थे, महात्मा गाँधी का सिद्धान्त कि, दुश्मन की कमज़ोरी का लाभ उठाना भी हिंसा है। माननीया, अहिंसावादियों के लिए भी अपने विचारों, अपने सिद्धान्तों की वजह से यह देखना मुश्किल था कि तीस सालों की मेहनत से निर्मित अहिंसावादी कांग्रेस को चुपचाप हिंसा के रास्ते पर चलने दिया जाये। इसी से एक सीधे–सादे अहिंसावादी वैज्ञानिक सीतारमैया को, जो आन्ध्र प्रदेश के थे, सुभाष बोस के प्रतिद्वन्दी के रूप में उतारा गया। चुनाव के नतीजे सुभाषचन्द्र बोस के पक्ष में हुए। सीतारमैया हार गये। सीतारमैया की हार के बाद महात्मा गाँधी का वक्तव्य आया–मैं सुभाष बोस की विजय से ख़ुश हूँ। भले ही अपने सहयोगियों के बारे में की गयी उनकी टिप्पणी अनुचित और अशोभनीय है। मौलाना अबुल क़लाम आज़ाद द्वारा अपना नाम वापस लेने के बाद, डॉक्टर पट्टाभि सीतारमैया चुनाव के मैदान से मेरी सलाह के कारण ही नहीं हटे। इसलिए यह हार उनसे अधिक मेरी है। क्योंकि अगर मैं अहिंसा नीति और सिद्धान्तों का प्रतिनिधित्व नहीं करता हूँ, तो फिर कुछ भी नहीं हूँ। इसीलिए यह स्पष्ट हो गया है कि कांग्रेस के प्रतिनिधि उन सिद्धान्तों को और उस नीति को मान्य नहीं करते जिनका मैं प्रतिपादन करता हूँ।

*( प्रतिवादी अधिवक्ता डॉक्यूमेण्ट पेश करता है )*

वादी अधिवक्ता–महात्मा गाँधी की स्वयं की स्वीकारोक्ति है इस

वक्तव्य के बारे में, तब भी मेरे क़ाबिल मित्र इसे गोल–गोल घुमाकर चक्करदार बनाये जा रहे हैं।

प्रतिवादी अधिवक्ता–महोदया, इस वक्तव्य से यही साबित होता है कि महात्मा गाँधी ने अहिंसा और हिंसा की नीति में अहिंसा की हार मानी, चूँकि वे अहिंसा के सिद्धान्त का प्रतिनिधित्व करते थे इसी से अहिंसा के साथ–साथ उनकी भी हार हुई है ऐसा उन्होंने स्वीकार किया। परन्तु इससे सुभाषचन्द्र बोस को अध्यक्ष पद से हटाने की बात कहाँ सिद्ध होती है?

वादी अधिवक्ता–महोदया, सुभाषचन्द्र बोस को अध्यक्ष के तौर पर काम करने में, काफ़ी रोक–टोक की जाती थी। कार्यसमिति उनके काम में अड़ंगा लगाती थी।

प्रतिवादी अधिवक्ता–माननीया, कार्यसमिति से सुभाष बोस को परेशानी थी। इस मामले में महात्मा गाँधी का लिखित बयान है–सुभाष बाबू इस बार उन लोगों की कृपा के सहारे अध्यक्ष नहीं बने हैं, जिन्हें, वे दक्षिणपंथी कहते हैं। बल्कि चुनाव में जीतकर अध्यक्ष बने हैं। इससे वे अपने ही समान विचार वाली कार्यसमिति चुन सकते हैं और बिना किसी बाधा या अड़चन के अपना कार्यक्रम अमल में ला सकते हैं। सुभाष बाबू देश के दुश्मन तो है नहीं। उन्होंने देश के लिए कष्ट उठाये हैं। उनकी राय में उनका कार्यक्रम और नीति दोनों अत्यन्त अग्रगामी हैं।

*(प्रतिवादी अधिवक्ता लिखित बयान जज महोदया को देता है)*

वादी अधिवक्ता माननीया, सुभाषचन्द्र बोस भी सीतारमैया की हार मेरी हार वक्तव्य के बाद काफ़ी दुखी हुए थे उसके बाद उनका भी वक्तव्य आया था जिसका लिखित प्रमाण प्रस्तुत है। मुझे यह देखकर काफ़ी दुख होता है कि महात्मा गाँधी ने उसे अपनी निजी पराजय माना है। इस मुद्दे पर मैं विनम्रतापूर्वक कहना चाहूँगा कि मतदाताओं से महात्मा गाँधी के पक्ष या विपक्ष में मत देने को कहा ही नहीं गया था तो नतीजा उनको प्रभावित नहीं करता। उम्मीदवारों के व्यक्तित्व का भी कुछ हद तक प्रभाव पड़ा होगा।

प्रतिवादी अधिवक्ता–महोदया सुभाषचन्द्र बोस के वक्तव्य से स्पष्ट है कि महात्मा गाँधी या उनके किसी भी अनुयायी ने किसी भी प्रतिनिधि को सुभाष बोस या सीतारमैया के पक्ष में वोट डालने को नहीं कहा था। महोदया, दरअसल मतभेद न अध्यक्ष पद को लेकर था और न व्यक्ति

विशेष के लिए था। यह मतभेद था सिद्धान्त और नीतियों का, हिंसा और अहिंसा का।

वादी अधिवक्ता—सुभाष बोस की बात अभी समाप्त नहीं हुई है। उन्होंने आगे लिखा है—मेरी हमेशा यही कोशिश रहेगी कि मैं महात्मा गाँधी का विश्वास प्राप्त कर सकूँ और यह कोशिश मैं सिर्फ़ इसलिए करूँगा, कि मेरे लिए यह दुख की बात होगी कि मैं अन्य लोगों का विश्वास तो जीत सकूँ, लेकिन भारत के सबसे महान व्यक्ति का विश्वास न जीत सकूँ।

*(वादी अधिवक्ता ने लिखित डॉक्यूमेण्ट पेश किया)*

महोदया, सुभाषचन्द्र बोस गाँधी जी को महानतम व्यक्ति मानते थे, उसके बावजूद भी गाँधी जी ने कार्य—समिति के कार्यों में रोड़ा अटकाने की कोंशिश की।

प्रतिवादी अधिवक्ता—यही बात तो मैं आरोपकर्ता को बताना चाहता हूँ कि इस तरह के आरोप न सिर्फ़ महात्मा गाँधी के प्रति अपराध है, बल्कि सुभाषचन्द्र बोस के प्रति भी है। सुभाषचन्द्र बोस जिस व्यक्ति को महानतम व्यक्ति मानते थे। क्या वे रोड़ा अटकाने वाले व्यक्ति को विश्व के महानतम मानव की श्रेणी में रख सकते थे? माननीया, वस्तुस्थिति जबकि इसके ठीक विपरीत है। आप इस लिखित प्रमाण को देख सकते हैं। यह पत्र महात्मा गाँधी ने सुभाष बोस को 5 फ़रवरी, 1939 को लिखा था।

प्रिय सुभाष,

आशा है तुम्हें मेरे निजी पत्र मिल गये होंगे। मौलाना साहब का तार मिला है जिसमें यह सुझाव है कि वे और दूसरे लोग कार्य—समिति से अलग हो जाय। मैंने उनको यह उत्तर दिया है कि इससे शायद तुम्हें (सुभाष को) परेशानी होगी। अब राजेन्द्र बाबू का पत्र आया है उसमें भी यही सुझाव है उसका इस तर्क द्वारा समर्थन किया गया है कि यदि इस्तीफ़े तुम्हारे हाथ में हों तो इससे तुम्हें मदद ही मिलेगी। इससे तुम एक स्थायी कार्यसमिति चुन सकते हो, जो भावी कार्यक्रम बनाने में तुम्हारी मदद करेगी। राजेन्द्र बाबू का तर्क मुझे सही लगता है। मेरी समझ के अनुसार पुराने साथी जिन्हें तुम दक्षिणपन्थी मानते हो, कार्य—समिति में काम नहीं करेंगे। यदि तुम्हारे लिए यह ज़्यादा सुविधाजनक हो तो तुम उनके इस्तीफ़े अभी से ले सकते हो। तुम्हें अपना कार्यक्रम गढ़ने के लिए स्वतन्त्र रहना चाहिए। यह आशा रखनी चाहिए कि जहाँ तक उनसे बन

पड़ेगा,वे तुम्हें समर्थन देंगे। और जहाँ भी तुमसे सहमत नहीं होंगे वहाँ तुम्हारे काम में रोड़ा अटकाये बिना तटस्थ रहेंगे।

*(प्र. अ. जज को महात्मा गाँधी का पत्र देता है)*

माननीया, महात्मा गाँधी के इस पत्र से स्पष्ट हो जाता है कि वे सुभाषचन्द्र बोस को अपनी कार्यकारिणी बनाने और स्वतन्त्र रूप से काम करने के लिए कितना सहयोग कर रहे थे।

वादी अधिवक्ता–जब 1931 में त्रिपुरी कांग्रेस सम्मेलन में पन्त प्रस्ताव के द्वारा इस प्रस्ताव को पास कराया गया कि महात्मा गाँधी ही कांग्रेस और देश को विजय की ओर ले जा सकते हैं। समिति ....अध्यक्ष से यह प्रार्थना करती है कि आगामी वर्ष के लिए गाँधी जी की इच्छा के अनुरूप कार्य–समिति मनोनीत करें। इस प्रस्ताव का समर्थन सुभाषचन्द्र बोस ने भी किया था, उसके बावजूद महात्मा गाँधी ने कार्य–समिति बनाने में सहयोग क्यों नहीं किया?

प्रतिवादी अधिवक्ता–महोदया, पहली बात तो प्रस्ताव महात्मा गाँधी की जानकारी के बिना पास हुआ था। दूसरी बात, इस तरह के प्रस्ताव को महात्मा गाँधी अत्यधिक नापसन्द करते थे, जिसमें किसी अध्यक्ष पर दूसरों की इच्छा जबरदस्ती थोपी जाये।

महात्मा गाँधी ने सुभाष बोस को लिखा भी–मैं तुम पर कोई कार्य–समिति नहीं थोप सकता और न थोपना चाहूँगा। ऐसी कोई कार्य–समिति तुम पर थोपी जाये तो तुम्हें उसके लिए तैयार भी नहीं होना चाहिए।

*(प्रतिवादी अधिवक्ता ने जज महोदय को पत्र दिया)*

माननीया, महात्मा गाँधी ने इतना स्पष्ट निर्देश दिया कि यदि कांग्रेस, देश की जनता और कांग्रेस अध्यक्ष स्वतन्त्रता की लड़ाई हिंसात्मक रूप में लड़ना चाहते हैं तो स्पष्टवादिता के साथ लड़ें।

वादी अधिवक्ता–जब महात्मा गाँधी ने इतनी छूट दे ही दी तो सुभाषचन्द्र बोस क्यों नहीं अपनी कार्यकारिणी बना पाये? पटेल किनके इशारे पर सुभाषचन्द्र बोस को अप्रतिष्ठित करने की कोशिश कर रहे थे? सुभाषचन्द्र बोस ने लिखा है कि पटेल महात्मा गाँधी के सबसे बड़े भक्त थे। इस पंक्ति से क्या माजरा स्पष्ट नहीं दिखाई पड़ता?

*(वादी अधिवक्ता लिखित नोट जज महोदय को बढ़ाता है)*

प्रतिवादी अधिवक्ता माननीया, इस आरोप के उत्तर में एक पत्र न्यायालय में पेश करना चाहता हूँ, जो सुभाषचन्द्र बोस ने जवाहरलाल

नेहरू को लिखा है—क्या आप इस बात को स्वीकार नहीं करते कि त्रिपुरी में पन्त प्रस्ताव पारित करने का मूल उद्देश्य महात्मा गाँधी को मेरे विरुद्ध करना था? जबकि महात्मा जी और मेरे बीच में कोई अविश्वास पैदा नहीं हुआ। पुराने योद्धा मुझसे झगड़ना चाहते थे तो स्पष्ट रूप में वे सामने क्यों नहीं आये? उन्होंने महात्मा गाँधी को इस बीच में क्यों खींचा? बेशक यह चालाकी भरा क़दम था। क्या सरदार पटेल का यह घोषित करना उचित था कि मेरा चुनाव देश हित में नहीं होगा? कृपलानी जी को मेरी इच्छा के विरुद्ध मुझ पर थोप दिया गया, जिसके कारण कांग्रेस कमेटी के कार्यालय की दशा बिगड़ी है। सरदार पटेल चतुराई से आपसे भी काम करा लेते हैं।

*(प्रतिवादी अधिवक्ता लिखित डॉक्यूमेण्ट जज महोदया को देता है)*

वादी अधिवक्ता माननीया, इस पत्र से क्या कुछ भी निकल कर आया? सरदार पटेल यदि सुभाषचन्द्र बोस को परेशान कर भी रहे थे, तो पटेल किनके भक्त थे?

प्रतिवादी अधिवक्ता—माननीय सरदार पटेल महात्मा गाँधी के भक्त थे यह एक अलग मसला है। जैसा कि मेरे क़ाबिल मित्र न्यायालय को समझाने की कोशिश कर रहे हैं, सुभाषचन्द्र बोस इसका ठीक उल्टा समझते थे। तभी तो महात्मा गाँधी ने उन्हें लिखा था—किसी ने तुम्हारे विरुद्ध मुझे खड़ा नहीं किया। यदि तुम ऐसा सोचते हो कि पुराने लोगों में कोई व्यक्तिग़त रूप से तुम्हारा दुश्मन है, तो तुम गलती पर हो।

इतना ही नहीं माननीया, जब कोलकाता कांग्रेस अधिवेशन में महात्मा गाँधी भाग लेने रेल यात्रा कर रहे थे तो स्टेट्‌समैन के पत्रकारों को सरदार पटेल की कोलकाता यात्रा पर नहीं आने की सलाह देने की वजह पूछी तो, महात्मा गाँधी का उत्तर था—हाँ सरदार पटेल के न आने देने का कारण यह था कि उनका कोलकाता से दूर रहना देश के सर्वोत्तम हित में था।

माननीया, न्यायालय समझ सकता है कि महात्मा गाँधी, सुभाष बोस के साथ मतभेद न होने देने के लिए कितने सजग थे। दरअसल सरदार पटेल और सुभाषचन्द्र बोस में सरदार पटेल के भाई विट्ठल भाई पटेल का सुभाष बोस के नाम वसीयतनामा लिखने के बाद प्रिवी कौंसिल तक आपस में मुक़दमेबाज़ी हुई थी। जिसमें सरदार पटेल को विजय मिली थी। इस कारण आपस में संशय की स्थिति बनी रहती थी।

*(प्रतिवादी अधिवक्ता स्टेट समाचार–पत्र की और गाँधी जी की चिट्ठी को लिखित प्रमाण–पत्र के रूप में जज महोदय को पेश करता है।)*

वादी अधिवक्ता–तो आपके अनुसार महात्मा गाँधी ने नहीं सरदार पटेल ने सुभाषचन्द्र बोस को अध्यक्ष पद से हटने के लिए मजबूर किया?

प्रतिवादी अधिवक्ता– माननीया, हमारे क़ाबिल मित्र के मस्तिष्क की उड़ान भरने की कोई मिसाल नहीं। मैं न्यायालय को बता रहा था कि सरदार पटेल और सुभाष बोस के मतभेद के अन्य कारण थे, उसमें महात्मा गाँधी की कोई भूमिका नहीं थी।

माननीया, पहले समर्पित डॉक्यूमेण्ट में आपने देखा कि महात्मा गाँधी ने सुभाष बोस को अपने मन की कांग्रेस कार्यसमिति बनाने के लिए ख़ुली छूट दी, और साथ ही कांग्रेस को अपने मन से चलाने की छूट भी दी। दरअसल ऐसा हो नहीं सका। सुभाषचन्द्र बोस अपनी कार्यकारिणी समिति नहीं बना सके क्योंकि अधिकतर कांग्रेसजन वर्षों से अहिंसा के रास्ते पर चलने के कारण हिंसा के सिद्धान्तों के साथ चलने में असहजता महसूस करने लगे थे। अध्यक्ष बनने के चार महीने के बाद सुभाषचन्द्र बोस जब अपनी नयी कार्यकारिणी नहीं बना सके, तो उन्होंने इस्तीफ़ा दे दिया। उनका लिखित इस्तीफ़ा प्रस्तुत है– मुझे अत्यन्त खेद है कि मैं नई कार्यकारिणी के सदस्यों की घोषणा करने में असमर्थ रहा हूँ। महात्मा जी का तो मुझे सुझाव था कि पिछली कार्यकारिणी से इस्तीफ़ा देने वाले सदस्यों को छोड़कर मुझे कार्यकारिणी का संगठन करना चाहिए। इसे अमल में नहीं ला सका।

मैंने महात्मा जी से कहा कि वे जैसी भी कार्यकारिणी नियुक्त करेंगे वह मुझे अनिवार्य रूप से मान्य होगी। हमारे दुर्भाग्यवश महात्मा गाँधी ने कार्यकारिणी को नामजद करने में असमर्थता ज़ाहिर की।

अब मैं यह महसूस करता हूँ कि अखिल भारतीय कांग्रेस कमेटी के पास इस मसले का निपटारा कर प्रभावी बने रहने के लिए नया अध्यक्ष हो। इसलिए परिपक्व निश्चय के बाद और पूर्णतः सहयोगी भावना से त्यागपत्र प्रस्तुत कर रहा हूँ।

माननीया, दरअसल महात्मा गाँधी सुभाषचन्द्र बोस पर अपनी मर्जी की कार्य समिति सौंपना, उनके ऊपर ज़्यादती मानते थे।

वादी अधिवक्ता–माननीया, यदि सुभाषचन्द्र बोस कांग्रेस अध्यक्ष के पद से नहीं हटे होते तो देश को आज़ादी पहले मिलती।

प्रतिवादी अधिवक्ता माननीया, हेतु हेतु, पूर्ण हेतु के बारे में कोई क्या बता सकता है? पर इतना अवश्य है कि सुभाषचन्द्र बोस ने अपने जीवन के आख़िरी दम तक महात्मा गाँधी के प्रति सम्मान का भाव ही नहीं रखा वरन् उन्हें भारत का राष्ट्रपिता भी घोषित किया। उन्होंने आज़ाद हिन्द फ़ौज में जो चार बिग्रेड बनाये, उनके नाम–गाँधी ब्रिग्रेड, नेहरू ब्रिगेड, सुभाष ब्रिग्रेड तथा आज़ाद ब्रिग्रेड रखे। माननीया सिर्फ़ इतना ही नहीं अपने नश्वर शरीर को त्यागते समय सुभाषचन्द्र बोस ने जो कहा इससे इतना अवश्य साबित होता है कि वे भारत में हिंसात्मक आन्दोलन या कार्रवाई के स्थान पर महात्मा गाँधी के नेतृत्व में अहिंसक आन्दोलन से ही देश को आज़ाद कराना चाहते थे।

माननीया यह नेताजी के आज़ाद हिन्द फ़ौज के सेनापति शाहनवाज़ का वक्तव्य है, जो नेताजी सुभाषचन्द्र बोस ने कहा था–भारत से बाहर रहते हुए जहाँ हमने अपने देश की आज़ादी के लिए हथियारों से युद्ध किया है, वहीं अब हम भारत की सेवा अहिंसा के ज़रिये करेंगे।

माननीया, महात्मा गाँधी और सुभाष बोस के दरम्यान जो एक द्वेष बनाने की कवायद की जाती है, यह कितना बड़ा झूठ है, इसे समझने की आवश्यकता है। जब भारत माँ के वीर पुत्र सुभाषचन्द्र बोस घायल होकर गिर पड़े और उन्हें लगा अब जीवन की अन्तिम घड़ी आ गयी है तो उन्होंने हबीबुर्रहमान से कहा–भारत लौटकर आप सब कांग्रेस के अनुशासन को स्वीकार करें और उसकी नीति के अनुसार आचरण करें।

माननीया, सुभाषचन्द्र बोस महात्मा गाँधी को पवित्रतम और महानतम् व्यक्ति मानते थे। लेकिन उन्हें लगता था कि क्रूर और शातिर अंग्रेज़ शासक महात्मा गाँधी के सत्य और अहिंसा जैसे शस्त्र को नहीं समझ सकते। महात्मा गाँधी अपने किसी भी कार्य में गोपनीयता नहीं रखते थे, सुभाष बोस की दृष्टि में इतनी ऊँची नैतिकता युद्ध में किसी काम की नहीं।

प्रतिवादी अधिवक्ता–माननीया, मैं अपनी बात दो मिनट में समाप्त करूँगा। महात्मा गाँधी का कई स्थानों पर लिखित बयान है कि सुभाष मेरे पुत्र के समान हैं, आज उनके रास्ते जुदा हो गये हैं, पर मैं उसके लौट आने का इन्तज़ार करूँगा।

माननीया, यह एक लिखित डॉक्यूमेण्ट है जिसमें महात्मा गाँधी ने

कहा था–मेरे और सुभाष के बीच जो मतभेद है वह क्षणिक है परन्तु उनके और मेरे बीच में वैमनस्य आ जाये तो मुल्क का नाश हो जायेगा।

माननीया, महात्मा गाँधी और सुभाष के बीच वैमनस्य कभी नहीं आया। तभी तो 1942 को सुभाष बोस ने विदेश की धरती पर अपनी नीति की घोषणा करते हुए कहा कि वे महात्मा गाँधी का पूरा समर्थन करते हैं, तथा गाँधी की आलोचना करने वालों की निन्दा करते हैं।

माननीया यह कौन–सी ताक़त है जो दोनों में कपोल–कल्पित वैमनस्य फैलाकर मुल्क को आज भी भ्रमित करना चाहती है? अध्यक्ष पद से त्यागपत्र देने के चार साल बाद गाँधी की आलोचना करने वालों के ख़िलाफ़ निन्दा प्रस्ताव लाने वाले सुभाष बोस के वे कौन–से अनुयायी हैं जो गाँधी की निन्दा सुभाष बोस के हित के लिए करते हैं?

माननीया दैट्स ऑल, न्याय की जीत होगी इसी आशा और विश्वास के साथ मैं अपनी बात समाप्त करता हूँ।

जज–प्रथम पक्ष के अधिवक्ता को अभी जिरह करनी है?

वादी अधिवक्ता–धन्यवाद! माननीया, मैं भी न्याय की प्रतीक्षा में हूँ।

जज–अच्छी बात है, फैसला कल सुनाया जायेगा।

## दृश्य दो

(जज महोदया चश्मा उतारकर सामने रखी डायरी को बन्द कर सावधान होकर बैठती हैं, दर्शक–दीर्घा में बैठे लोग धीरे–धीरे फुसफुसा रहे हैं। दोनों अधिवक्ता चुपचाप बैठकर न्यायाधीश महोदया के जजमेण्ट की प्रतीक्षा कर रहे हैं।)

जज महोदया–जहाँ तक न्यायालय ने समझा है, यह सिर्फ़ सिद्धान्तों का मतभेद भर था। महात्मा गाँधी और सुभाषचन्द्र बोस दोनों ही भारत माता के महान सपूत हैं। सुभाष भारत की स्वतंत्रता के लिए सब कुछ छोड़ सकते थे, सत्य और अहिंसा ही नहीं, अपना जीवन भी। नेता जी के जीवन का एकमात्र लक्ष्य था, भारत की आज़ादी। अंग्रेज़ी शासक यहाँ से किसी कीमत पर जायें, भले ही इसके लिए मुसोलिनी या हिटलर जैसे तानाशाह से ही क्यों न मदद लेनी पड़ी।

महात्मा गाँधी का लक्ष्य भी भारत की स्वतन्त्रता थी। परन्तु उनका रास्ता थोड़ा अलग था। महात्मा गाँधी के लिए स्वतन्त्रता ही एकमात्र लक्ष्य नहीं था। उनकी आख़िरी मंज़िल थी, एक ऐसे भारत का पुनःर्निर्माण

जिसमें छुआछूत, ग़रीबी, अशिक्षा, हिंसा आदि का कोई स्थान न हो। उनका अन्तिम लक्ष्य था सत्य और अहिंसा की पुर्नस्थार्पना।

रोमाँ रोलाँ, जिनके प्रति सुभाषचंद्र बोस की अपार श्रद्धा थी, की सोच थी कि सत्य के लिए स्वतन्त्रता की भी बलि देने को तैयार रहने वाली जैसी–जैसी महान बातों ने महात्मा गाँधी के स्वतन्त्रता संग्राम को कमज़ोर नहीं बनाया। वरन् उसे एक मानवीय चेतना से अनुप्रेरित किया।

इस तरह की बातें यह साबित करती हैं कि महात्मा गाँधी केवल भारत के ही नहीं सारी दुनिया के महापुरुष हैं। सुभाषचन्द्र बोस ने भी अन्तिम समय में सैनिकों से भारत में हिंसा को छोड़कर अहिंसा के रास्ते पर जाने के लिए कहकर, यह साबित कर दिया कि जीवन के अन्तिम क्षणों में उन्हें भी अहिंसा के मार्ग पर ही भरोसा रह गया था। उनका भरोसा सही निकला। पूरे विश्व में पहली बार एक ऐसे संग्राम की जीत हुई, जहाँ सत्याग्रह के बल पर विजय मिली थी।

महात्मा गाँधी और सुभाष बोस के रिश्ते प्रेम, अपनत्व और अपने सिद्धान्तों की रक्षा करने हेतु अपने रूप भले ही परिवर्तित करते रहे हो, पर एक–दूसरे के प्रति सम्मान और भावना में कमी नहीं आयी। भारत माता के दोनों महान पुत्र में त्याग, तपस्या, वीरता, प्रेम, सम्मान आदि सद्गुण कूट–कूट कर भरे हुए थे। इस कारण न्यायालय इस मामले को बेवजह तूल दिये जाने के पक्ष में नहीं है। इसी से इन आरोपों को निरस्त करते हुए इस तरह की अफ़वाह फैलाने वालों को अहिंसात्मक दण्ड देने का विधान करती है।

# खण्ड तीन

## दृश्य एक

जज–कार्यवाही प्रारम्भ की जाती है।

वादी अधिवक्ता– महोदया, यह आरोप दलितों के प्रति महात्मा गाँधी के द्वारा किये गये अहित को लेकर है। 'गाँधी जी ने पूना पैक्ट के द्वारा दलितों का भी अहित किया। उन्होंने बाबा साहब अम्बेडकर पर भी अनुचित दबाव बनाया।

प्रतिवादी अधिवक्ता–क्या हमारे क़ाबिल मित्र पूना पैक्ट के तथ्यों से वाक़िफ़ हैं? इस आरोप को लगाने वाले हमारे अधिवक्ता मित्र को पता है, कि महात्मा गाँधी को हरिजन कितने प्रिय थे?

वादी अधिवक्ता–महोदया सर्वप्रथम मैं यह बतला देना चाहता हूँ, कि आज के दलित विमर्श को हरिजन शब्द से आपत्ति है। गाँधी ने दलितों को हरिजन कहा है तो अन्य लोग क्या हैं शैतान जन? यह केवल भ्रमजाल है, महोदया।

प्रतिवादी अधिवक्ता–माननीया, इस भ्रमजाल शब्द पर मेरी आपत्ति है। जिस महान आत्मा ने इस समुदाय के उत्थान के लिए अपने प्राण को दाँव पर लगा दिया, बम और गोली तक खायी। उनके प्रेम, प्रयास और त्याग को भ्रमजाल कहना, मानवता पर प्रश्नचिह्न लगाना होगा। जहाँ तक हरिजन शब्द का सवाल है यह नाम भी महात्मा गाँधी ने स्वयं नहीं रखा है। काठियावाड़ के एक दलित भाई ने उन्हें इस सम्बन्ध में एक पत्र लिखा था, जिसके बारे में स्वयं महात्मा गाँधी ने हरिजन पत्रिका के प्रथम अंक के पृष्ठ दस पर 1935 में लिखा था, जिसका लिखित साक्ष्य प्रस्तुत है–अस्पृश्य नाम से उन भाइयों को दुख होता है, उनका दुख मैं समझ सकता था। मेरे नज़दीक वे न अन्त्यज थे और न अस्पृश्य थे, न अछूत थे। उसी भाई ने बताया कि अपने एक भजन में भक्त कवि नरसी

मेहता ने अछूत भाइयों का उल्लेख 'हरिजन' नाम से किया था। उस भाई ने उसके समर्थन में एक भजन भी भेजा था। मुझे उनके द्वारा सुझाया हरिजन नाम बहुत प्रिय जंचा। हरिजन का अर्थ है–ईश्वर का भक्त और ईश्वर का प्यारा।

*(प्रतिवादी अधिवक्ता जज महोदया को लिखित डॉक्यूमेण्ट पेश करता है )*

माननीया महात्मा गाँधी ने दलितों का नाम हरिजन रखकर कट्टर सनातनियों को एक खुली चुनौती दी कि जिन्हें तुम मन्दिर में प्रवेश करने से रोकते हो, दरअसल वे ही उस मन्दिर के गर्भगृह में बैठे ईश्वर के प्रिय हैं।

वादी अधिवक्ता–माननीया, यदि वे दलितों को हरिजन मानते थे तो उन्होंने वर्ण व्यवस्था की इतनी वकालत क्यों की?

प्रतिवादी अधिवक्ता–यह बात सत्य है कि महात्मा गाँधी ने अपने जीवन के पूर्वार्ध में वर्ण व्यवस्था का समर्थन किया था, समर्थन का कारण था इसमें परिवार के बच्चों को अपने पुश्तैनी धन्धे की सहज जानकारी हो जाती थी, जिससे उन्हें बेरोज़गारी की समस्या का सामना नहीं करना पड़ता था। परन्तु जहाँ तक इसे जन्म की जाति से जोड़ने का सवाल है, महात्मा गाँधी ने इसका हमेशा विरोध किया। लेकिन माननीया, जहाँ तक अस्पृश्यता का सवाल है उन्होंने इसे हिन्दू धर्म के माथे का कलंक माना है।

*(इसका लिखित प्रमाण प्रस्तुत है)*

अछूतों का एक जुदा वर्ग बना देना हिन्दू धर्म के माथे पर कलंक है। अछूत मानना तो पाप है, सख़्त जुर्म है और यदि हिन्दू धर्म इस बड़े साँप को समय रहते नहीं मार डालेगा तो वह उसको खा जायेगा। अस्पृश्यता रूपी राक्षस रावण से भी भयंकर है और इस राक्षस को हम धर्म मान कर पूजते हैं इससे हमारी पाप की गुरुता और बढ़ जाती है। यदि कोई इसे धर्म कहे तो ऐसे धर्म से मुझे घृणा होती है। यह हिन्दू धर्म हो ही नहीं सकता। मैंने तो हिन्दू धर्म द्वारा ही ईसाई धर्म और इस्लाम धर्म का आदर करना सीखा है फिर यह पाप हिन्दू धर्म का अंग कैसे हो सकता है? इस पाखण्ड और अज्ञान के ख़िलाफ़ यदि ज़रूरत पड़े तो मैं अकेले लड़ूँगा, अकेले तपश्चर्या करूँगा और उसका नाम जपते हुए मरूँगा।

वादी अधिवक्ता—माननीया महात्मा गाँधी ने अस्पृश्यता का विरोध अम्बेडकर के भारतीय राजनीतिक क्षितिज पर आने के बाद किया।

प्रतिवादी अधिवक्ता—माननीया, मैं इस बात को नहीं समझ पा रहा हूँ कि मेरे क़ाबिल मित्र गाँधी और अम्बेडकर को एक—दूसरे का प्रतिद्वन्द्वी क्यों बना रहे हैं जबकि दोनों एक—दूसरे के पूरक हैं। माननीया, जो साक्ष्य अभी मैंने आपको सौंपा वह 5 नवम्बर, 1917 का है। महात्मा गाँधी 1915 में अपने आश्रम में एक हरिजन दम्पति को अपने परिवार की तरह शामिल करने के कारण सामाजिक बहिष्कार की धमकी का सामना कर रहे थे। उस समय अम्बेडकर कोलम्बिया विश्वविद्यालय में शिक्षा ग्रहण कर रहे थे।

वादी अधिवक्ता—एक तरफ़ हमारे फ़ाजिल मित्र गाँधी जी के वर्णाश्रम के हिमायती होने के आरोप से सहमत हैं तो वर्णाश्रम धर्म का हिमायती अस्पृश्यता से अपने को कैसे अलग कर सकता है?

प्रतिवादी अधिवक्ता—माननीया, इसको समझने के लिए थोड़ा विवेकपूर्ण होकर सोचना होगा। बहुत सारे कार्य भारत में ऐसे हैं जो वर्णाश्रम के अनुसार होते रहे हैं और आज भी हो रहे हैं इससे रोज़गार की समस्या से निजात मिलती है।

माननीया, दूसरी बात यह है कि महात्मा गाँधी किसी भी पारम्परिक कार्यों को घृणित मानकर उसको समाप्त करने की जगह उस कार्य को ही सम्मान के भाव से देखने की सोच विकसित करना चाहते थे। जिस तरह एक डॉक्टर या माँ के कार्यों को देखा जाता है।

वादी अभिवक्ता—माननीया, नोट किया जाये इसका मतलब है कि गाँधीजी घृणित कार्यों को शब्दों की चासनी में लपेटकर दलितों से करवाने के हिमायती थे।

प्रतिवादी अधिवक्ता—ऑब्जेक्शन माननीया, क्या समाज में सफ़ाईकर्मी का कार्य आवश्यक नहीं है? यक़ीनन सबसे अधिक महत्त्वपूर्ण है फिर इतना महत्त्वपूर्ण कार्य घृणित कैसे हो सकता है? महात्मा गाँधी ने इस कार्य की महत्ता स्थापित करने की सिर्फ़ बात ही नहीं की वरन् स्वयं भंगियों का काम किया और अपने अनुभव से अनुयायियों को भी यह करने को प्रेरित किया। माननीया, महात्मा गाँधी की दृष्टि में वर्णाश्रम एक प्रकार की श्रम विभाजन की व्यवस्था थी। प्रारम्भिक अवस्था में सभी वर्णों के कार्यों का समाज में सम्मान था एवं सभी एक समरसतापूर्ण वातावरण में जीवनयापन करते थे। परन्तु यह श्रम विभाजन धीरे—धीरे जन्म

आधारित होने लगा और ऊँच–नीच और छोटे बड़े का भेद बढ़ने लगा। निर्बल और कमजोर को गन्दगी साफ़ करने में लगाकर ज़ाति–उपजाति बनाने के क्रम में नीचे धकेल दिया गया। माननीया 1931 में महात्मा गाँधी ने एक वक्तव्य दिया है जिसका लिखित साक्ष्य है।

*(प्रतिवादी अधिवक्ता लिखित साक्ष्य प्रस्तुत करता है)*

"मैंने यह बार–बार कहा है कि आज जो जाति व्यवस्था चल रही है उस पर मेरा बिल्कुल विश्वास नहीं है। तरक्की के रास्ते में वह रोड़े डालने वाली बड़ी गन्दी चीज है जो फेंक देने लायक ही है। आदमी आदमी में ऊँच–नीचता व विषमता है, यह कतई नहीं मानता। एक आदमी को दूसरे से ऊँचा कहना तो ईश्वर तथा मानवता के खिलाफ़ पाप करना है। हैसियत तथा औक़ात में समानता दर्शाने वाली जाति एक दुखद प्रवृत्ति है।

माननीया, महात्मा गाँधी के हरिजनों के मन्दिर प्रवेश आन्दोलन से मनुष्य की समानता के सिद्धान्त को समझा जा सकता है।

वादी अधिवक्ता–माननीया, मन्दिर परिवेश से दलितों का क्या उत्थान हो सकता है? जिस ईश्वर की अवधारणा का कहीं ठिकाना नहीं उस मन्दिर प्रवेश आन्दोलन से दलितों का क्या कल्याण हो सकता है?

प्रतिवादी अधिवक्ता–माननीया ईश्वर है या नहीं इसका प्रमाण देने के लिए न मैं और न मेरे काबिल मित्र अधिकृत हैं। ईश्वर आस्था का प्रतीक है, प्रायः पूरी दुनिया में और विशेषकर भारत में तो कोई भी व्यक्ति बिना आस्था के नहीं रह पाता है। दरअसल, आस्तिकता के अखाड़े में सवर्ण आस्तिकता का होश दुरुस्त कर उसे पाप करने से रोकने के लिए महात्मा गाँधी ने एक अत्यन्त कारगर हथियार के रूप में हिन्दू मन्दिरों में दलितों के प्रवेश आन्दोलन को चलाया। महात्मा गाँधी ने स्वयं अपना प्रार्थना–स्थल खुले आसमान के नीचे बिना ईंट–पत्थरों के बनाया था। किन्तु मन्दिर प्रवेश दलितों के आत्मसम्मान से जुड़ा हुआ था। अपनी इच्छा से वहाँ जाना या ना जाना अलग बात है। किन्तु दलित नहीं जा सकते यह उनके लिए अपमानजनक बात थी।

माननीया, हरिजनों के मन्दिर प्रदेश का सनातन हिन्दुओं द्वारा पुरज़ोर विरोध हो रहा था लेकिन वे वीरता के साथ डटे रहे। उनके लिए यह धार्मिक यज्ञ की तरह था। उनका लिखित साक्ष्य है।

*(प्रतिवादी अधिवक्ता जज महोदया को डॉक्यूमेंट देता है)*

"मन्दिर प्रवेश का प्रश्न विशुद्ध धार्मिक स्वरूप का है। मेरी मान्यता

बदलना बहुत कठिन काम है। कितने ही साल के अध्ययन और अनुभव से मेरा विश्वास हो गया है कि हरिजनों का मन्दिर प्रवेश कराना धार्मिक कर्तव्य है। आपका दिल आजकल की रूढ़ि के विरुद्ध बगावत नहीं करता तो मुझे उपवास करना पड़ेगा।"

*( प्रतिवादी अधिवक्ता लिखित बयान प्रस्तुत करता है )*

माननीया, महात्मा गाँधी का इस पर लिखित बयान है कि मैं स्वेच्छा से हरिजन और हरिजन में भी भंगी बन गया हूँ, कहता हूँ कि सवर्ण–अवर्ण का भेद मिटाना चाहिए। जो नीचे पड़े हुए हैं उन्हें ऊपर उठायें और जो ऊपर चढ़कर बैठे हैं उन्हें समानता के लिए नीचे उतारें और जो ठेठ पाताल में हैं उन्हें उससे उबार लें। न किसी को हिमालय की चोटी पर रहना है और न नीचे पाताल में, सबको पृथ्वी की सुन्दर समतल सतह पर रहना है।

वादी अधिवक्ता–पूना पैक्ट द्वारा दलितों के अहित और अम्बेडकर पर अनुचित दवाब के आरोप का जवाब देने के बदले मेरे काबिल मित्र हमें मन्दिर और हिमालय, धरती और पाताल घुमा रहे हैं। माननीया, इस सम्बन्ध में मैं डॉ. अम्बेडकर का लिखित वक्तव्य पेश करता हूँ।

*(वादी अधिवक्ता लिखित डॉक्यूमेंट पेश करता है)*

मन्दिर प्रवेश के अधिकार देने के विधेयक के सम्बन्ध में अम्बेडकर का गाँधी जी को कहना था–जहाँ तक हमारा सम्बन्ध है, राजनीतिक सत्ता के सिवा और किसी बात से हमारा तात्कालिक सम्बन्ध नहीं है। हमें तो यह चाहिए कि सवर्ण हिन्दुओं की नज़र में हमारा बुनियादी दर्जा सुधरे। हिन्दू कहलाने के साथ ही मुझे यह स्वीकार करना पड़ता है कि ज़न्म से मैं एक नीच जाति का हूँ। इसीलिए मेरे ख़्याल से मुझे हिन्दुओं से कह देना चाहिए कि आप मुझे ऐसा धर्म सिद्धान्त बताइए जिसमें ऐसा नीचपन का भाव ना आये। ऐसा ना हो तो मुझे हिन्दू धर्म को तिलांज़लि दे देनी चाहिए। सिर्फ़ राहत पहुँचाने वाले उपायों से मुझे सन्तोष नहीं हो सकता। हम हिन्दुओं से यह नहीं कह सकते कि आप तय कीजिए कि हम आपके अंग हैं या नहीं? यह विधेयक पास कराकर आपको अपना निर्णय बताना है।

प्रतिवादी अधिवक्ता–माननीया, मैं अपने मित्र की बात से सहमत हूँ। जहाँ तक मैं समझता हूँ यदि उन्हें इस बात की जानकारी है तो महात्मा गाँधी ने इसके उत्तर में क्या कहा इसकी भी जानकारी होगी। माननीया

महात्मा गाँधी का उत्तर था—ऐसा करने को मैं आपसे नहीं कहता। यह मैंने कभी नहीं चाहा कि सवर्णों के पास दलित पैर पड़ने जायें और विधेयक पास कराने कहें। इससे मैं सहमत हूँ कि आपका उनके पास जाना आपके गौरव को शोभा नहीं दे सकता। मेरी स्थिति तो यही है। आपको याद होगा कि गोलमेज परिषद में मैंने कहा था कि हमें प्रायश्चित करना है।

महोदया, गाँधी और अम्बेडकर दोनों दलितों का उत्थान चाहते थे। दोनों एक—दूसरे के प्रतिद्वन्दी नहीं थे, कार्य—प्रणाली में अन्तर होना स्वाभाविक प्रक्रिया है। 1920—21 में महात्मा गाँधी असहयोग आन्दोलन के साथ—साथ अस्पृश्यता निवारण को भी राष्ट्रव्यापी मुद्दा बना चुके थे। उस समय अम्बेडकर इंग्लैंड में उच्च शिक्षा प्राप्त कर रहे थे। 1925—26 में अम्बेडकर की स्वदेश वापसी हुई और उन्होंने महाराष्ट्र में दलितों को जगाने का काम प्रारम्भ किया।

माननीया, उस समय देश में मुस्लिम लीग मुसलमानों की, हिन्दू महासभा हिन्दुओं की, अकाली दल सिक्खों की तरह अम्बेडकर ने भी दलित हित में काम करना प्रारम्भ किया। महात्मा गाँधी हिन्दुस्तान के सभी धर्मों, ज़ातियों एवं सम्प्रदायों को मुख्यधारा में जोड़कर साम्राज्यवादी ताक़तों से लड़ रहे थे। ब्रिटिश हुकूमत धर्म और जाति के आधार पर भारतीयों में मतभेद फैलाकर स्वतन्त्रता आन्दोलन को कुचलने के प्रयास में अम्बेडकर को भी पृथक निर्वाचन क्षेत्र देने की बात कह रही थी। 1935 में गोलमेज सम्मेलन में दलित नेता के रूप में अम्बेडकर इंग्लैंड गये। अंग्रेज़ों ने ऐसी चाल चली कि गाँधी और अम्बेडकर आपस में वहीं पर लड़ जायें।

अंग्रेज़ों की कोशिश यह साबित करने की थी कि अम्बेडकर ही एकमात्र दलितों के नेता हैं और वे पृथक निर्वाचन क्षेत्र के हिमायती हैं। गाँधी का कहना था कि वे सिर्फ़ महाराष्ट्र के दलितों का प्रतिनिधित्व कर रहे हैं। भारत की दलित जनता पृथक निर्वाचन नहीं चाहती। डॉक्टर अम्बेडकर ने वहाँ अपने भाषण में आक्रोशित होकर सवर्णों द्वारा किये गये जाति अत्याचारों के बारे में बताया। अंग्रेज़ों ने अम्बेडकर के आरोपों का जवाब देने के लिए महात्मा गाँधी से कहा—

माननीया, गाँधी ने अपने जबाब में सिर्फ़ एक शब्द अम्बेडकर से कहा— "थैंक यू"। सारे लोग आश्चर्य—चकित रह गये। अंग्रेज़ों ने कहा— जवाब दीजिए थैंक यू का क्या मतलब?

*(प्रतिवादी अधिवक्ता लिखित प्रमाण प्रस्तुत करता है)*

गाँधी ने थैंक यू का मतलब समझाते हुए कहा–"डॉ अम्बेडकर की बात का मैं बुरा नहीं मानता। हर एक अस्पृश्य की तरह डॉक्टर अम्बेडकर को मुझ पर थूकने तक का अधिकार है और वे मुझ पर थूकें तो भी मैं हँसता रहूँगा। परन्तु समस्त भारत के दलित पृथक निर्वाचन क्षेत्र के समर्थन में नहीं है। अगर अम्बेडकर की बात मानकर दलितों को पृथक निर्वाचन क्षेत्र दिया जाता है तो उन्हें बहुत नुकसान होगा। इससे हिन्दू समाज दो सशस्त्र छावनियों में बन्ट जायेगा।"

वादी अधिवक्ता–माननीया, पृथक निर्वाचन क्षेत्र से दलितों का लाभ होना था तभी तो अम्बेडकर उसकी माँग कर रहे थे। क्या गाँधी ने दलितों के पृथक निर्वाचन क्षेत्र की उनकी माँग को निरस्त कर उनके साथ विश्वासघात नहीं किया?

प्रतिवादी अधिवक्ता–ऑब्जेक्शन, माननीया, महात्मा गाँधी अपने दुश्मन के साथ भी विश्वासघात की कल्पना नहीं कर सकते थे तो अपने प्यारे हरिजनों के साथ करने की कल्पना उनके दुश्मन भी नहीं कर सकते थे।

माननीया, आज भी समाज में दलितों की स्थिति बहुत मज़बूत नहीं हुई है, फिर भी बहुत सुधार हुआ है। लेकिन आज से नब्बे साल पहले यह समाज बहुत कमज़ोर था। महात्मा गाँधी अपनी दूरदर्शिता के कारण स्पष्ट देख पा रहे थे कि दलितों के अलग निर्वाचन क्षेत्र होने के बाद इतना अधिक फ़साद हो जायेगा कि गृहयुद्ध की स्थिति हो जायेगी।

माननीया, महात्मा गाँधी की दिली इच्छा थी कि अस्पृश्यता का प्रायश्चित सवर्ण कर लें और इस पाप और पाखण्ड को हमेशा के लिए समाप्त कर इस खाई को पाट दिया जाये। माननीया, गाँधी के विचार का लिखित दस्तावेज़ प्रस्तुत है।

*(प्रतिवादी अधिवक्ता जज को डॉक्यूमेंट पेश करता है)*

"मेरा निश्चित मत है कि अस्पृश्यों के लिए पृथक निर्वाचक मण्डल का सुझाव इस शैतान सरकार की नयी कारस्तानी है। अस्पृश्य संगठित नहीं है, राजनीतिक जागृति भी अभी कम आयी है। वे समाज में अलग नहीं रहते, कट्टरपन्थियों के गढ़ गाँव में भी एक साथ रहते हैं आपसी वैमनस्य में उनका बहुत अधिक नुकसान हो जायेगा। मार काट मचने पर दलितों का बहुत अधिक नुकसान होगा, जिसकी कल्पना भी नहीं की जा सकती।

वादी अधिवक्ता–दलितों का नुकसान होता तो अम्बेडकर इसकी माँग करते ही क्यों? माननीया आप ही सोचें दलितों का मसीहा उनके लिए नुकसानदेह माँग कर सकता था?

प्रतिवादी अधिवक्ता–माननीया यही सवाल उस समय महात्मा गाँधी से भी पूछा गया था। उनका ही लिखित उत्तर प्रस्तुत है। "डॉ अम्बेडकर के प्रति मेरे मन में बहुत सम्मान है। उन्हें कटु होने का पूरा अधिकार है। अगर वे हमारा सिर नहीं फोड़ देते तो इसी को उनका बड़ा आत्मसंयम मानना चाहिए। आज उनका मन आशंकाओं से इतना भरा हुआ है कि वे और कोई चीज़ देख ही नहीं सकते। उन्हें प्रत्येक हिन्दू, अस्पृश्यों का पक्का विरोधी दिखायी देता है और ऐसा दिखायी देना सर्वथा स्वाभाविक है। अपना क्रोध प्रकट करना उनके लिए स्वाभाविक है। लेकिन जिस निर्वाचक मण्डल के लिए वे प्रयत्नशील हैं उससे अस्पृश्यों की कोई भलाई नहीं होने वाली, क्योंकि मैं इतने बरसों से उनके सुख–दुख का साझीदार बनकर उनके बीच रहता आ रहा हूँ। उन्हें पृथक निर्वाचन मण्डल देना उनको मार देना जैसा है। कट्टर लोग प्रतिशोध ले सकते हैं, इससे दलितों के विनाश का ख़तरा है। अम्बेडकर अभी आक्रोश में दलितों के हित को नहीं देख पा रहे हैं।

माननीया, अम्बेडकर ने 17 मई, 1929 को साइमन कमीशन के दूसरे ज्ञापन में लिखा था–जिन देशों में मुसलमान अल्पसंख्यक हैं, उनमें भारत अकेला नहीं है। बुलगारिया, ग्रीस, रूस, रोमानिया आदि देशों में भी ऐसी ही स्थिति है। लेकिन वहाँ कहीं भी उनके लिए पृथक चुनाव क्षेत्र नहीं है। इसका मतलब है अम्बेडकर भी देशहित में पृथक निर्वाचन के पक्षधर नहीं थे।

वादी अधिवक्ता–माननीया, गाँधी जी ने फिर से उपवास करके अम्बेडकर पर न सिर्फ़ दबाव बनाया, बल्कि पूरे देश को अपने पक्ष में खड़ा कर पृथक निर्वाचन मण्डल की माँग को निरस्त करवा दिया।

प्रतिवादी अधिवक्ता–माननीया, दरअसल अंग्रेज़ी हुकूमत पृथक निर्वाचन मण्डल के द्वारा दलितों का हित नहीं, भारतीय समाज का विखण्डन चाहती थी। वे लोग एक छलावा कर रहे थे। उनका अघोषित उद्देश्य हिन्दू–मुस्लिम दंगों की तरह दलित एवं अन्य जातियों के बीच भी दंगें करवाने की साज़िश थी, जिसे महात्मा गाँधी ने समझ लिया था।

माननीया, मेरे क़ाबिल मित्र की तरह आज भी कुछ लोगों के मन में है कि महात्मा गाँधी ने गोलमेज सम्मेलन में दलितों के पृथक निर्वाचन क्षेत्र का विरोध किया था, जबकि वास्तविकता ठीक इससे विपरीत थी।

माननीया, जो लोग महात्मा गाँधी द्वारा पृथक निर्वाचन क्षेत्र का विरोध करने की निन्दा करते हैं, मेरा दावा है उनमें से अधिकांश लोग नहीं जानते कि अंग्रेज़ किस तरह का निर्वाचन क्षेत्र देना चाहते थे।

महोदया, इस व्यवस्था के अन्तर्गत दलित उम्मीदवार को सिर्फ़ दलित जातियों द्वारा ही वोट दिया जा सकता था। इस बात को इस तरह समझा जा सकता है कि अंग्रेज़ों ने इकहत्तर स्थानों पर दलितों के लिए अलग निर्वाचन मण्डल बनाने की व्यवस्था की थी, जहाँ सभी राजनीतिक दल दलित जाति के उम्मीदवार खड़ा करेंगे और जिन्हें सिर्फ़ दलित ही अपना वोट देकर चुनेंगे।

माननीया, अंग्रेज़ी हुकूमत का मानना था कि एक सवर्ण कभी भी दलित का प्रतिनिधि नहीं हो सकता और सवर्ण कभी भी दलित को अपना प्रतिनिधि स्वीकार नहीं कर सकते।

महोदया, अंग्रेज़ों ने इसी आधार पर इकहत्तर सीटों पर दलितों के लिए अलग निर्वाचन मण्डल की व्यवस्था की। इसके पहले हिन्दू–मुस्लिम के लिए पृथक निर्वाचन मण्डल की व्यवस्था अंग्रेज़ सरकार कर चुकी थी। न हिन्दू का मत मुस्लिम उम्मीदवार को चाहिए था और न मुस्लिम का मत हिन्दू उम्मीदवार को चाहिए था। इससे नफ़रत की आँधी बहने लगी थी। नफ़रत की कोख से उत्पन्न नारे, भाषण और गालियाँ अन्त में दंगे का रूप अख़्तियार कर लेते थे।

माननीया, महात्मा गाँधी ने पूरे देश के चप्पे–चप्पे का न सिर्फ़ भ्रमण किया था बल्कि उसे आत्मसात भी किया था। उन्हें इस बात की भली भाँति जानकारी थी कि समाज में दलितों की स्थिति कितनी कमज़ोर है, इस तरह के अलगाववाद में उन्हें काफ़ी नुक़सान पहुँच सकता है, कमज़ोर दलित समुदाय पर जुल्म बढ़ सकता है।

महोदया, हिन्दू–मुस्लिम में फिर भी थोड़ी दूरियाँ थीं पर दलित एवं अन्य जातियाँ तो एक साथ ज़र्रे–ज़र्रे में समायी हुयी थीं। नफ़रत और अलगाव की आँधी यदि दोनों समुदायों के बीच फैल गयी तो...यह सोचकर ही काँप गये गाँधी।

माननीया, अंग्रेज़ सरकार इक़हत्तर सीट देने को तैयार थी और अम्बेडकर पचहत्तर सीट माँग रहे थे, मात्र चार सीट का तफ़रक़ा था। किसी भी क्षण पृथक निर्वाचन क्षेत्र की घोषणा हो सकती थी।

महोदया, यह सत्य है कि महात्मा गाँधी ने पृथक निर्वाचन मण्डल के विरुद्ध और दलितों के प्रति भेदभाव मिटाने के लिए आमरण उपवास किया। उस समय वे यरवदा जेल में बन्द थे। 20 सितम्बर, 1932 को महात्मा गाँधी का उपवास प्रारम्भ हुआ। माननीया, पूरा देश हिल गया। मदन मोहन मालवीय की अगुवाई में सर्वदलीय बैठकें चलती रहीं। कृपलानी ने उस समय का आँखों देखा विवरण लिखा है।

*(प्रतिवादी अधिवक्ता जज महोदय को लिखित दस्तावेज़ प्रस्तुत करता है)*

उपवास 20 सितम्बर को प्रारम्भ होते ही राजेन्द्र बाबू, राजा जी एवं अन्य नेता जो जेल के बाहर थे। हिन्दुओं से अपील की, अछूतों के लिए अपने मन्दिर खोल दें और छुआछूत के कलंक को हिन्दू समाज से मिटाने के लिए कटिबद्ध होकर प्रयत्न करें। कवीन्द्र रवीन्द्र ने भी हिन्दुओं से गाँधी के मिशन में सहयोग की अपील की। उपवास के कारण गाँधी जी की शारीरिक स्थिति लगातार खराब होती जा रही थी। माननीया, महात्मा गाँधी दलितों के साथ हुए अत्याचार का प्रायश्चित करने के लिए अपनी जान की बलि देने को तैयार थे। मदन मोहन मालवीय, तेज बहादुर सप्रू आदि के प्रयासों से अम्बेडकर भी समझौते के लिए मान गये।

वादी अधिवक्ता—माननीया, ध्यान दिया जाये पृथक निर्वाचन व्यवस्था लागू न हो जाये इसके लिए गाँधीजी ने उपवास किया और अम्बेडकर पर अन्य नेताओं द्वारा दबाव बनाया गया। ये दोनों बातें हमारे क़ाबिल मित्र ने स्वीकार की हैं। अब सिर्फ़ दलितों के हित पर वे अपना दृष्टिकोण रख रहे हैं जबकि हमारा आरोप है कि दलितों का अहित हुआ।

प्रतिवादी अधिवक्ता—माननीया, मैं अपना दृष्टिकोण नहीं नेताजी सुभाषचन्द्र बोस का दृष्टिकोण रख रहा हूँ।

*(प्रतिवादी अधिवक्ता ने लिखित डॉक्युमेण्ट पेश किया)*

महात्मा गाँधी के उपवास को लेकर चिन्ता और घबराहट का शब्दों में वर्णन कठिन है जो महात्मा जी के अनशन पर बैठने की ख़बर छपते ही सारे देश में इस सिरे से उस सिरे तक व्याप्त हो गयी थी। उस समय वे जेल में थे। अंग्रेज़ी सरकार ने उन्हें कुछ शर्तों पर रिहा करने का प्रस्ताव

दिया लेकिन उन्होंने सशर्त रिहाई को अस्वीकार कर दिया। जब तक महात्मा जी का अनशन चलता रहा देश में युक्ति–युक्त चिन्तन का स्थान नहीं था। बस अब सबकी एक ही चिन्ता थी कि महात्मा जी के प्राण कैसे बचें। पूरा देश सक्रिय हो उठा। मदन मोहन मालवीय ने हिन्दू नेताओं से अपील की, वे मान भी गये और अम्बेडकर भी मान गये।

माननीया, कृपया ध्यान दें, सुभाषचन्द्र बोस कह रहे हैं–अम्बेडकर के लिए नहीं मानने वाली बात थी भी नहीं अंग्रेज़ उन्हें इक़हत्तर सीट दे रहे थे, अम्बेडकर की माँग पचहत्तर सीट की थी और महात्मा जी ने पूना पैक्ट के दौरान हरिजनों के लिए एक सौ अड़तालीस सीटों का आरक्षण दिलवाया। माननीया, मेरे क़ाबिल मित्र को इस में दलितों का अहित कहाँ दिखायी पड़ता है? मेरे क़ाबिल मित्र सुभाषचन्द्र बोस की बात पर कृपया ध्यान दें। सुभाष चन्द्र बोस ने आगे लिखा है कि जब लोगों ने बारीकी से पूना पैक्ट के बारे में सोचना प्रारम्भ किया तो उन्हें लगा कि पहले जहाँ इकहत्तर सीटें ही दलित जातियों को मिल रही थीं वहाँ पूना समझौता में उन्हें एक सौ अड़तालीस सीटें दी गयीं। ये अधिक सीटें उन्हें शेष हिन्दू समाज की क़ीमत पर दी गयीं।

माननीया, उस समय के अमेरिकी पत्रकार लुई फ़िशर ने इस सम्बन्ध में लिखा है कि गाँधीजी ने अम्बेडकर को उससे भी ज्यादा दिया, जितना कि उन्होंने माँगा था। गाँधी जी ने हरिजन हितैषिता में तो हरिजन अम्बेडकर को भी मात दे दी।

माननीया, क्या हमारे क़ाबिल मित्र के पास इस बात का जवाब है? कट्टर सनातनियों का यह आरोप है कि महात्मा गाँधी ने हरिजनों के हित में उन लोगों के हित की भी अनदेखी की।

माननीया, स्वयं सुभाषचन्द्र बोस का मानना था, जिसका लिखित दस्तावेज़ पेश है।

*(प्रतिवादी अधिवक्ता ने लिखित दस्तावेज़ पेश किया)*

"महात्मा जी ने लंदन में अपना संकल्प प्रकट कर दिया था कि वे जान देकर भी इस काम को करेंगे। वे जातियों की समस्याओं के बारे में इतना अधिक सोचने लगे कि फ़िलहाल अन्य समस्याओं को पीछे छोड़ दिया। यहाँ तक कि सविनय अवज्ञा को भी पीछे ढकेल दिया।''

माननीया, यह समझा जा सकता है कि पूना पैक्ट के समय महात्मा गाँधी को चारों ओर से प्रहार झेलना पड़ रहा था, सिर्फ़ कट्टरवादियों

की ओर से ही नहीं बल्कि प्रगतिशील विचार वाले नेताओं की ओर से भी। परन्तु बाद में सुभाषचन्द्र बोस ने स्वीकार किया कि महात्मा जी की अपील पर सारे देश में कुएँ और मन्दिरों के द्वार अछूतों और हरिजनों के लिए खोले जाने लगे। वास्तव में इस दिशा में इतनी तेज़ी से प्रगति हुई कि एक बार तो ऐसा लगा छुआछूत का दानव हमेशा के लिए समाप्त हो जायेगा।

माननीया, वैसे तो इस प्रसंग में ढेरों लिखित प्रमाण हैं परन्तु मेरे क़ाबिल मित्र सुभाषचन्द्र बोस के लिखित प्रमाण को स्वीकार करेंगे, इसी से उनका ही लिखित प्रमाण पत्र प्रस्तुत किया है।

*( प्रतिवादी अधिवक्ता लिखित प्रमाण पत्र देता है )*

माननीया, उस समय दलितों के दुख को अपनी लेखनी द्वारा चित्रित करने वाले क़लम के सिपाही प्रेमचन्द ने भी पृथक निर्वाचन मण्डल के विरुद्ध महात्मा गाँधी के पूना पैक्ट के समर्थन में लिखा है। लिखित साक्ष्य प्रस्तुत है।

*(प्रतिवादी अधिवक्ता जज महोदया को डॉक्यूमेंट देता है)*

"दलितों के उद्धार का सबसे उत्तम साधन है, सम्मिलित निर्वाचन 'यही उनके उत्थान का मूलमन्त्र है' शिक्षित समाज में तो उच्चनीच का भाव बहुत दूर हो चुका है। दलित जातियों के भी वही देवता हैं, वही आदर्श और विश्वास हैं और वही दृष्टिकोण भी। हिन्दुत्व उनके अणु-अणु में भरा हुआ है। एक समय था जब कुलीनता के मतवाले हिन्दुओं के कान पर जूँ नहीं रेंगती थी पर अब हिन्दू समाज इतना चेतनाशून्य नहीं है। दलितों के लिए मन्दिर खुलते जा रहे हैं, कुओं पर भी वह रोक-टोक नहीं रही। पृथक निर्वाचन से इस स्वभाविक क्रिया के मार्ग में ऐसी बाधा आ खड़ी हुई है, जो रोग और रोगी दोनों का ही अन्त कर देगी। इस बाधा का हरण करने के लिए महात्मा गाँधी अपने प्राणों की भेंट चढ़ाने जा रहे हैं।''

माननीया, क़लम का सिपाही महात्मा गाँधी के महत्तम प्रयास को देखकर विह्वल होकर लिखता है।

"हम अपने अछूत भाइयों को जो हमसे रूठ गये हैं, मनायेंगे, उनके चरणों पर गिर कर मनायेंगे। हमें विश्वास है डॉ. अम्बेडकर और डॉ. निवासन भी राष्ट्र की इस याचना को अस्वीकार नहीं करेंगे। हमारी नौका को भँवर से निकालकर पार ले जाने वाला अकेला गाँधी है। उसी में

वह सामर्थ्य है, वह देवत्व है, वह ऐश्वर्य है। हमें विश्वास है वह ईश्वर के दरबार से हमारे उद्धार का बीड़ा लेकर आया है। हम उस दिन का इन्तज़ार कर रहे हैं जब स्वाधीनता का वरदान लाकर जीर्ण और निराश माता को भेंट करेगा।''

माननीया, इतना ही नहीं समझौते के बाद उस क़लमवीर ने लिखा– ''समझौता हो गया, उस महान् आत्मा की तपस्या ने ब्रिटेन के बड़े–बड़े राजनीतिज्ञों द्वारा तैयार की गयी भारत को गृहयुद्ध में फँसाने की साज़िश को ध्वस्त कर दिया। हमारा कर्तव्य पूरा होगा जब हम लोग उस पवित्र आत्मा के प्रति सच्ची श्रद्धा और भक्ति, स्नेह के लिए उनके हृदय की माँग को पूरा करने के लिए अछूतपन को जड़–मूल से नष्ट कर देंगे।''

वादी अधिवक्ता–महोदया, प्रेमचन्द की भावना का आदर करता हूँ और सुभाषचन्द्र बोस के लिखित प्रमाण पर आपत्ति करने की सोच भी नहीं सकता। यह मेरे मित्र ने बिलकुल सही समझा है। मैं सुभाषचन्द्र बोस की बात के आधार पर ही यह पूछना चाहता हूँ। माननीया, जब अंग्रेज़ी हुकूमत दलितों को इकहत्तर पृथक निर्वाचन मण्डल दे रही थी और अम्बेडकर पचहत्तर की माँग कर रहे थे उस समय महात्मा गाँधी ने दलितों को एक सौ अड़तालीस सीट का आरक्षण क्यों दिया? मुझे लगता है उन्हें अम्बेडकर से भी अधिक दलित हितैषी बनने की चाहना ने अन्य जातियों के प्रति अन्याय करने पर विवश किया।

माननीया, यदि वे अम्बेडकर से बड़े हितैषी बनना चाहते थे तो अस्सी सीटों पर भी समझौता कर सकते थे किन्तु उनके ऊपर हरिजन प्रेम की राजनीति इतनी हावी हो गयी थी कि उन्हें अन्य हिन्दुओं के साथ हुए अन्याय नज़र भी नहीं आये।

प्रतिवादी अधिवक्ता–माननीया, मेरी समझ में नहीं आ रहा कि मेरे क़ाबिल मित्र कहना क्या चाहते हैं? अभी तक वे गाँधी पर यह आरोप लगा रहे थे कि पृथक निर्वाचन मण्डल में रोड़ा अटका कर महात्मा गाँधी ने दलितों का अहित किया। अब ठीक उससे विपरीत बात कह रहे हैं कि अन्य जातियों का अहित किया।

माननीया, सुभाषचन्द्र बोस का मानना था कि महात्मा गाँधी के अनशन का उनके अपने देशवासियों पर निःसन्देह विस्मयकारी प्रभाव पड़ा। माननीया, महात्मा गाँधी सिर्फ़ इतना ही नहीं चाहते थे कि दलितों को सम्मानजनक तरीक़े से उनका हक मिले, वे यह भी चाहते थे कि

दूसरी जातियाँ जिन्होंने अपने ही भाई–बहनों के प्रति अस्पृश्यता रूपी पाप को किया है, उसका प्रायश्चित भी करें और वह प्रायश्चित त्याग से ही सम्भव है।

माननीया, महात्मा गाँधी का एक वाक्या आपको सुनाता हूँ इससे आप को स्पष्ट अवधारणा बनाने में मदद मिलेगी। उनके बड़े पुत्र जिस कम्पनी में काम करते थे वहाँ उन्होंने हिसाब में फेर–बदल किया। कम्पनी के मालिक नहीं चाहते थे कि इस मुद्दे की जानकारी महात्मा गाँधी को हो इसलिए उन्होंने उस मुद्दे को दबा दिया। लेकिन महात्मा गाँधी को कहीं से इसकी जानकारी हो गयी और उन्होंने मिल मालिक को अपने पुत्र हरिलाल पर कार्यवाही करने के लिए कहा, अन्यथा अपने उपवास करने की ख़बर भिजवायी। हरिलाल को पता चला कि उसके पिता, उसे जेल भेजना चाहते हैं तो उसको अपने महान् पिता दुश्मन के रूप में दिखायी पड़ने लगे। माननीया, इस सम्बन्ध में महात्मा गाँधी ने हरिलाल से कहा था–अभी तुम्हें मैं दुश्मन नज़र आ रहा होऊँगा, परन्तु तुम गम्भीरता से जो सोचोगे तो तुम्हें मैं शुभेच्छु नजर आऊँगा। मैं तुम्हारा पिता हूँ और मुझे तुमसे अधिक दूर दिखायी पड़ रहा है। तुमने जिस ग़लती को किया है यदि अभी उसकी सज़ा भुगत लेते हो तो तुम्हारे पाप का प्रायश्चित हो जायेगा। परन्तु किसी प्रभाव के कारण सज़ा काटने से बच जाते हो तो अगले जन्म में वह पाप अपने सूद के साथ तुम्हें और अधिक दण्डित करेगा। माननीया, वे अन्य अभिभावकों की तरह अपने पुत्र को सज़ा से बचाना नहीं चाहते थे। ठीक उसी प्रकार सवर्ण तथा अन्य जातियों के हित इसी में देखते थे कि दलितों के लिए त्याग करके अपने पूर्वजों द्वारा किये गये अपराध का प्रायश्चित कर लें। हम अपने पूर्वजों के धन को भोगते हैं तो उनके किये गये पापों का प्रायश्चित करना आवश्यक हो जाता है।

माननीया, एक पिता जब निर्बल पुत्र के लिए सबल पुत्र से उसके हित में त्याग की आकांक्षा रखता है तो क्या वह सबल पुत्र का अहित करता है?

माननीया, अम्बेडकर ने महात्मा गाँधी के बारे में स्वयं लिखा है– "मैं स्वीकार कर सकता हूँ कि यह मेरा दुर्भाग्य है कि किन्हीं मामले में मैं महात्मा से सहमत नहीं हूँ, लेकिन पिछले कुछ वर्षों से उनके समीप आने पर मैं महसूस करता हूँ कि दलित वर्ग के सम्बन्ध में उनकी निष्ठा पर सन्देह करना अनर्गल है। मैं यह कहकर किसी को चोट नहीं पहुँचा रहा

कि हम जैसे बहुतों के सम्बन्ध में राष्ट्रवाद मात्र एक अलंकार है, लेकिन महात्मा गाँधी की यह प्राणवायु है। यहाँ तक कि मैं महात्मा गाँधी के बारे में राष्ट्रीय हिन्दू या किसी अन्य रूप में कल्पना भी नहीं कर सकता।"

*( प्रतिवादी अधिवक्ता सोर्स मैटेरियल ऑन बाबा साहेब के लिखित डॉक्युमेण्ट पेश करता है। )*

माननीया, इससे अधिक मुझे कुछ नहीं कहना है, न्याय की आशा में अपना प्रतिवाद समाप्त करता हूँ।

जज–वादी पक्ष के अधिवक्ता को कुछ कहना है?

वादी अधिवक्ता–नहीं माननीया, मैं भी न्याय की आशा में हूँ।

जज–कल तक के लिए न्यायालय मुअत्तल की जाती है।

## दृश्य दो

जज महोदया–सारे आरोप प्रत्यारोप सुनने के बाद न्यायालय इस निष्कर्ष पर पहुँचा है कि पूना पैक्ट में महात्मा गाँधी द्वारा अम्बेडकर पर दबाव बनाने का सवाल ही नहीं है, बल्कि इसमें डॉ. अम्बेडकर की समझदारी दिखायी पड़ती है। पूना समझौते के बाद ही अम्बेडकर राष्ट्रीय धारा के समीप आते गये और पृथकतावादी तत्त्व की श्रेणी में अपने को नहीं जाने दिया। हमने इस बात को समझा है कि महात्मा गाँधी दलितों के लिए क्रियात्मक रूप से किसी से पीछे नहीं आगे ही रहे। अर्धनग्न फ़कीर की संज्ञा पाने वाले शख़्स ने हरिजन बस्ती की सफ़ाई से लेकर मल–मूत्र की सफ़ाई में भी परहेज़ नहीं किया। अस्पृश्यता की समाप्ति के लिए उन्होंने कट्टरपन्थी हिन्दुओं का अपमान ही नहीं सहा जीवन को भी दाँव पर लगा दिया। यहाँ तक कि मैं लोहिया की इस बात से सहमत हूँ कि गाँधीजी ने हिन्दू धर्म की रूढ़ियों के विरुद्ध जो लगातार अभियान चलाया उसी से कट्टरपन्थी हिन्दुओं के आक्रोश के शिकार हो कर अन्त में शहीद हो गये। महात्मा गाँधी और अम्बेडकर दोनों ने दलितों के लिए बहुत कार्य किया। बस दोनों में एक फ़र्क है कि महात्मा गाँधी जन्मना दलित नहीं थे पर वे अपनी इच्छा से बन गये थे। किन्तु जहाँ तक न्यायालय समझता है यह और भी अधिक प्रशंसनीय है कि उनकी संवेदनशीलता इतने ऊँचे दर्जे की थी। दक्षिण अफ़्रीका में अपने साथ हुए भेदभाव को उन्होंने गहराई से महसूस करने के बाद, उसे दलितों के साथ किये गये भेदभाव के परिणाम वरुप मिला दण्ड माना।

देखा जाये तो अम्बेडकर अगर दलितों के आत्म–सम्मान के प्रवक्ता हैं तो महात्मा गाँधी दलितों के आत्म–सम्मान के प्रवक्ता तथा सवर्ण होने के नाते अस्पृश्यता जैसे पाप के प्रायश्चितकर्ता भी थे।

जे.बी. कृपलानी ने लिखा है–कट्टर हिन्दू गाँधी जी की इन गतिविधियों को क्रोध, भय और घृणा तक की दृष्टि से देखते थे। दरअसल उनके पुराने किले ढह रहे थे। आक्रोश में उन्होंने गाँधी जी को काले झण्डे ही नहीं दिखाये, उनके ऊपर बम भी फेंका गया। मुझे लगता है दरअसल महात्मा गाँधी का उद्देश्य सिर्फ़ देश की स्वतन्त्रता तक ही सीमित नहीं थीं, वरन् भारत का निर्माण करना भी था। उन्होंने अपने उपवास का लक्ष्य भी यही बताया था कि हिन्दुओं की अन्तरात्मा को प्रेरित करना है, अपने ही भाई–बहनों से प्रेम करने के लिए।

तभी तो सुभाषचन्द्र बोस ने स्वीकार किया कि इस कृत्य से समस्त भारतवासियों में हरिजनों के लिए सहानुभूति पैदा हो गयी यानी दिल से दिल जुड़ने लगे। देशवासी अब सिर्फ़ ईंट पर ईंट नहीं रख रहे थे, बल्कि आपसी प्रेम के सीमेंट से दीवार को जोड़ रहे थे।

# खण्ड चार

## दृश्य एक

जज महोदया–मुक़दमे की कार्यवाही प्रारम्भ की जाती है।

वादी अधिवक्ता–माननीया, यह आरोप महात्मा गाँधी के व्यक्तिगत जीवन से जुड़ा हुआ है फिर भी मैं इस विषय को न्यायालय में रखना चाहता हूँ। गाँधी जी ने अपनी पत्नी के साथ काफ़ी ज़ोर–ज़बर्दस्ती और अभद्र व्यवहार किया। विवाह के प्रारम्भिक दिनों से लेकर दक्षिण अफ्रीका तक उनका व्यवहार क्रूर रहा।

प्रतिवादी अधिवक्ता–माननीया, मेरे क़ाबिल दोस्त के पास इन बातों की जानकारी के क्या स्रोत हैं? वादी अधिवक्ता–माननीया, मेरे विद्वान मित्र भी कैसी बात कर रहे हैं? स्वयं गाँधीजी ने अपनी आत्मकथा–सत्य के प्रयोग–में इन बातों का ज़िक्र किया है।

प्रतिवादी अधिवक्ता–माननीया, मैं सिर्फ़ यह जानना चाहता हूँ कि महात्मा गाँधी की आत्मकथा के अलावा भी कोई स्रोत है?

वादी अधिवक्ता–अजीब अधिवक्ता हैं, जब गाँधी जी की स्वयं की स्वीकारोक्ति है तो दूसरे अन्य स्त्रोतों की जानकारी की क्या आवश्यकता है?

प्रतिवादी अधिवक्ता–आवश्यकता है मेरे मित्र, यानी महात्मा गाँधी 'सत्य के प्रयोग' अपनी आत्मकथा में इस बात का जिक्र नहीं करते तो, आप यह आरोप उन पर नहीं लगा पाते।

वादी अधिवक्ता–माननीया, महत्त्वपूर्ण बात यह नहीं है कि यदि अपनी आत्मकथा में इन बातों का ज़िक्र महात्मा गाँधी नहीं करते या करते, महत्त्वपूर्ण बात यह है कि यह आरोप सत्य है या नहीं?

प्रतिवादी अधिवक्ता–माननीया, जैसा कि मेरे मित्र ने अभी–अभी बताया कि महात्मा गाँधी की आत्मकथा का नाम 'सत्य के प्रयोग' है। मेरे

मित्र ने जिन आरोपों को लगाया है वह भी सत्य के प्रयोग के छींटे हैं। पूरी दुनिया जानती है उनका जीवन ही सत्य का प्रयोग था।

वादी अधिवक्ता—माननीया, सत्य के प्रयोग से इन आरोपों का क्या तालमेल है? अधिवक्ता महोदय से विनम्र निवेदन है कि बातों को गोल—गोल न घुमायें। जो कुछ कहना है स्पष्ट कहें।

प्रतिवादी अधिवक्ता—माननीया, मैं अपनी बातों को गोल—गोल नहीं घुमा रहा, ना मुझे घुमाने की कोई आवश्यकता है। क्योंकि मैं जिनके पक्ष का अधिवक्ता हूँ वे स्फटिक मणि की तरह पारदर्शी और सच्चे महापुरुष थे। माननीया, इन आरोपों की जाँच—पड़ताल के लिए हमें महात्मा गाँधी की आत्मकथा सत्य के प्रयोग का ही सहारा लेना पड़ेगा। मैं अपनी बात प्रारम्भ करता हूँ, महात्मा गाँधी के विवाह से। एक तेरह वर्ष के बालक की विवाह में क्या मनःस्थिति रहती है और तेरह वर्ष में ही दूल्हा बनने वाले महात्मा गाँधी की क्या मनःस्थिति थी, उनकी लिखित पंक्तियाँ प्रस्तुत करता हूँ।

*(प्रतिवादी अधिवक्ता जज महोदया को डॉक्यूमेण्ट देता है)*

"उस समय मेरे मन में अच्छे—अच्छे कपड़े पहनने, बाजे—बजने और वरयात्रा के समय घोड़े पर चढ़ने, बढ़िया भोजन मिलने, एक नयी बालिका के साथ विनोद करने आदि अभिलाषा के सिवा दूसरी कोई बात रही हो, इसका मुझे स्मरण नहीं।

मण्डप में बैठे फेरे फिरे, कंसार खाया—खिलाया और तभी से वर—वधू साथ रहने लगे। पाठक जान लें कि हम दोनों एक—दूसरे से डरते थे, ऐसा भान मुझे है, एक—दूसरे से शर्माते तो थे ही। बातें कैसे करना, क्या करना है, सो मैं क्या ज़ानूँ। प्राप्त सिखावन भी क्या मदद करती? जहाँ संस्कार बलवान है वहाँ सिखावन सब ग़ैर ज़रूरी बन जाती है। धीरे—धीरे हम एक दूसरे को पहचानने लगे, बोलने लगे। हम दोनों बराबरी की उम्र के थे।

माननीया, वादी पक्ष के अधिवक्ता का एक आरोप है विवाह के प्रारम्भिक दिनों से क्रूरतापूर्ण व्यवहार और उस क्रूरतापूर्ण व्यवहार का आधार है महात्मा गाँधी का 'सत्य की प्रयोग'। माननीया, महात्मा गाँधी की पारिवारिक पृष्ठभूमि वैष्णव परिवार की थी। उनकी माता जी एक धर्मपरायण महिला थीं।

वादी अधिवक्ता—माननीया, यहाँ माताजी की बात कही ही नहीं गयी है, मेरे मित्र न्यायालय का समय क्यों बर्बाद कर रहे हैं?

प्रतिवादी अधिवक्ता—माननीया, मेरे मित्र को सिर्फ़ आरोप लगाना है और मुझे सत्य को आपके समक्ष प्रस्तुत करना है, इससे मुझे इतनी स्वतन्त्रता तो मिलनी ही चाहिए कि सत्य को सामने लाने के लिए मैं उससे सम्बन्धित बातों को रख सकूँ।

जज—आप अपना पक्ष रखें।

प्रतिवादी अधिवक्ता—माननीया, मैं यह कहना चाह रहा था कि उनकी पारिवारिक पृष्ठभूमि धार्मिक थी। उस धर्म में पति धर्म—पत्नी धर्म का भी योग है। माननीया, हमारे ग्रन्थों में पति धर्म के लिए बहुत कम सन्देश है और पत्नी धर्म के नाम पर एक मोटी पुस्तिका तैयार है। महात्मा गाँधी ने भी बचपन से पत्नी धर्म की महिमा सुनी थी, और कुछ पढ़ा भी था। उन्होंने स्वयं सत्य के प्रयोग में लिखा है।

*( प्रतिवादी अधिवक्ता लिखित डॉक्यूमेण्ट पेश करता है )*

मैंने पढ़ा था एक पत्नीव्रत पालन पति का धर्म है। बात हृदय में रम गयी। सत्य का शौक़ तो था ही इसलिए पत्नी को धोखा तो दे नहीं सकता था। इसी से यह भी समझ में आया कि दूसरी स्त्री के साथ सम्बन्ध नहीं रखना चाहिए। छोटी उम्र में एक पत्नी—व्रत के भंग की सम्भावना बहुत कम रहती है। पर इन सद्‌विचारों का एक बुरा परिणाम निकला, अगर मुझे एक पत्नीव्रत पालना है तो पत्नी को एक पतिव्रत पालना चाहिए। इस कारण मैं ईष्यालु पति बन गया। 'पालना चाहिए' से मैं पलवाना चाहिए के विचार पर पहुँचा और अगर पलवाना है तो मुझे पत्नी की निगरानी रखनी चाहिए और उसे कहीं भी जाने के लिए मेरी अनुमति लेनी चाहिए। बिना अनुमति के कहीं भी ना जा सकना तो एक तरह की क़ैद हुई। पर कस्तूरबाई क़ैद सहन करने वाली स्त्री नहीं थी, जहाँ इच्छा होती वहाँ मुझसे बिना पूछे ज़रूर जाती। मैं ज़्यों—ज़्यों दबाव डालता त्यों—त्यों वह अधिक स्वतन्त्रता से काम लेती और त्यों—त्यों मैं अधिक चिढ़ता। इससे हम बालकों के बीच बोलचाल का बन्द होना एक मामूली चीज़ बन गयी।

माननीया, मेरे क़ाबिल मित्र को यह समझने की आवश्यकता है कि यह एक ऐसे बालक पति की मनःस्थिति है जिसे धार्मिक शास्त्रों ने बताया है—पति—पत्नी का परमेश्वर होता है, गुरु होता है। परन्तु जैसे ही वह बालक, पति थोड़ा बड़ा होकर धर्म का मर्म समझता है तो लिखता है— कस्तूरबा ने जो स्वतन्त्रता बरती उसे मैं निर्दोष मानता हूँ। जिस बालिका

के मन में पाप नहीं है वह किसी से मिलने जाने पर दबाव क्यों सहन करे? अगर मैं उस पर दबाव डालता हूँ तो वह मुझ पर क्यों ना डाले? यह तो अब समझ में आ रहा है, उस समय तो मुझे अपना पतित्व सिद्ध करना था। लेकिन पाठक यह न मानें कि हमारे इस गृह जीवन में कहीं भी मिठास नहीं थी। मेरी वक्रता की जड़ प्रेम में थी। मैं अपनी पत्नी को आदर्श बनाना चाहता था, मेरी यह भावना थी कि वह स्वच्छ बने, स्वच्छ रहे। मैं सीखूँ सो सीखे, मैं पढ़ूँ तो पढ़े और हम दोनों एक–दूसरे में ओत प्रोत रहें। कस्तूरबाई में यह भावना थी या नहीं, इसका मुझे पता नहीं, वह निरक्षर थी, स्वभाव से सीधी, स्वतन्त्र मेहनती और मेरे साथ कम बोलने वाली थी। उसे अपने अज्ञान का असन्तोष न था। अपने बचपन में कभी उसकी यह इच्छा नहीं जगी कि मेरी तरह वह भी पढ़ सके तो अच्छा है। इससे मैं मानता हूँ कि मेरी भावना एकपक्षीय थी।'

वादी अधिवक्ता–माननीया, चलिए मान लेते हैं उस समय गाँधीजी बालक पति थे और पत्नी धर्म से प्रभावित थे परन्तु दक्षिण अफ्रीका में तो वे एक बैरिस्टर और समाज–सुधारक पति थे। उस समय क्या उन्होंने अपनी पत्नी कस्तूरबा के साथ अन्यायपूर्वक व्यवहार नहीं किया?

प्रतिवादी अधिवक्ता–माननीया, मेरे मित्र को अपने आरोप सिद्ध करने की अधीरता पर थोड़ा संयम रखना होगा। महात्मा गाँधी ने दक्षिण अफ्रीका की इस घटना को सत्य के प्रयोग (अपनी आत्मकथा) में जिस शीर्षक के अन्तर्गत लिखा है, उसका नाम है–'एक पुण्यस्मरण और प्रायश्चित'।

माननीया, महात्मा गाँधी ने इस घटना को पुण्य स्मरण और प्रायश्चित शीर्षक देकर ईश्वर की समस्त सृष्टि के सामने अपनी ग़लती को स्वीकारा है। गुण में भी अवगुण ढूँढ़ने वाले हमारे मित्र को जिन बातों पर आपत्ति है, उसे मैं स्पष्ट करने की कोशिश करूँगा।

माननीया, पूरी दुनिया इस बात से सहमत है कि महात्मा गाँधी सत्य और मानवता के पुजारी थे। अपने आदर्श के उच्च मूल्यों को पाने और पालन करने में इस घटना के समय उन्होंने कठोरतापूर्ण व्यवहार किया था। उन्होंने व्यवहार करने के उस क्षण को ईश्वर को भूलना स्वीकार किया है। माननीया, दरअसल महात्मा गाँधी प्रत्येक मानव से एक गाढ़ रिश्ता प्रतीत करते थे। इसका विवरण मैं उन्हीं के लिखे दस्तावेज़ के रूप में पेश करता हूँ।

*( प्रतिवादी अधिवक्ता जज को लिखित डॉक्यूमेण्ट देता है )*

"मैंने अपने और पराये, देशी और विदेशी, गोरे और काले, हिन्दू और मुसलमान अथवा ईसाई, पारसी या यहूदी के बीच कोई भेद नहीं किया। मैं कह सकता हूँ मेरा ह्रदय ऐसे भेद को पहचान ही नहीं सका। अपने सम्बन्ध में मैं इस चीज़ को गुण नहीं मानता क्योंकि जिस प्रकार अहिंसा, ब्रह्मचर्य, अपरिग्रह आदि यमों को सिद्धि का प्रयत्न करने का और उस प्रयत्न के अब तक चलने का मुझे याद नहीं पड़ता कि ऐसे अभेद को सिद्ध करने का मैंने विशेष प्रयत्न किया हो।"

माननीया, हमें इस बात का ख़्याल रखना चाहिए कि जिस व्यक्ति पर यह आरोप लगाया जा रहा है उसका मानसिक धरातल क्या है?

वादी अधिवक्ता–महोदया, हमने गाँधी जी के मानसिक धरातल पर आरोप नहीं लगाया है। जो आरोप लगाया है उसके बारे में मेरे मित्र चर्चा करें तो न्यायालय के अनमोल समय की बचत होगी।

प्रतिवादी अधिवक्ता–माननीया, मैं वही करने की कोशिश कर रहा हूँ। इन बातों को अक्षरशः आपके सामने रख रहा हूँ, जिसको आधार बनाकर यह आरोप लगाया गया है। उन घटना को जिसे आज पूरा विश्व जानता है और जिनको जनाने का काम महात्मा गाँधी ने स्वयं किया है, जस की तस न्यायालय में रख रहा हूँ।

*(प्रतिवादी अधिवक्ता जज महोदया को लिखित डॉक्यूमेण्ट पेश करता है।)*

"जब मैं डरबन में वकालत करता था तब अक्सर मेरे मुहर्रिर मुंशी मेरे साथ रहते थे। उनमें हिन्दू और ईसाई थे अथवा प्रान्त की दृष्टि से कहूँ तो गुजराती और मद्रासी थे। मुझे समझ नहीं कि उनके बारे में मेरे मन में कभी भेदभाव पैदा हुआ हो। मैं उन्हें अपना कुटुम्बी मानता था और यदि पत्नी की ओर से इसमें कोई बाधा आती तो मैं उससे लड़ता था। एक मुहर्रिर ईसाई था, उसके माता–पिता पंचम जाति के थे। हमारे घर की बनावट पश्चिम ढब की थी, उसमें कमरों के अन्दर मोरियाँ नहीं होती थीं। मैं मानता हूँ कि होनी भी नहीं चाहिए, उसमें हर एक कमरे में मोरी की जगह पेशाब के लिए ख़ास बर्तन रखा जाता था। उसे उठाने का काम नौकर का न था बल्कि हम पति–पत्नी का था। जो मुहर्रिर अपने को घर का सा मानते, वे तो अपना बर्तन खुद उठाते थे। यह पंचम कुल में उत्पन्न मुहर्रिर नया था। उसका बर्तन हम ही उठाते थे। कस्तूरबाई

दूसरे बर्तन तो उठाती थी पर इस बर्तन को उठाना उसे असह्यय लगा। मेरा उठाना भी उससे सहा नहीं जाता था।

आँखों से मोती की बूँदे टपकाते हाथ में बर्तन उठाती और अपनी लाल–लाल आँखों से मुझे उलाहना देकर सीढ़ियाँ उतरती हुई कस्तूरबाई का चित्र मैं आज भी खींच सकता हूँ। पर मैं तो जितना प्रेमी उतना ही क्रूर पति था। मैं अपने को उसका शिक्षक भी मानता था, इस कारण अपने अन्धे प्रेम के वश होकर उसे ख़ूब सताता था। तभी तो उसके सिर्फ़ बर्तन उठाकर ले जाने से मुझे सन्तोष नहीं हुआ, मैं बड़बड़ा उठा–यह कलह मेरे घर में नहीं चलेगा। यह वचन कस्तूरबाई को तीर की तरह चुभ गया। वह भड़क उठी–'तो अपना घर अपने पास रखो, मैं यह चली।'

मैं उस समय भगवान को भूल बैठा था। मुझ में दया का भाव भी लेस नहीं रह गया था। मैंने उसका हाथ पकड़ा और उस असहाय अबला को दरवाज़े तक ले गया। कस्तूरबाई की आँखों में आँसू थे, वह बोली– तुम्हें तो शर्म नहीं है लेकिन मुझे है। ज़रा तो शरमाओ, मैं बाहर निकल कर कहाँ जा सकती हूँ? अब शरमाओ और दरवाज़ा बन्द करो। कोई देखेगा तो दो में एक की भी शोभा नहीं रहेगी। इसके बाद मैं शर्मिन्दा हो गया।'' माननीया, कस्तूरबा ने कहा था 'कोई देखेगा तो दोनों में से एक की शोभा भी नहीं रहेगी' परन्तु कोई की क्या बात है महोदया, महात्मा गाँधी ने इस बात को करोड़ों लोगों तक पहुँचा दिया और किसे पता था उनका यह पुण्य स्मरण एक दिन उन्हें कठघरे में खड़ा कर देगा।

वादी अधिवक्ता–माननीया, महात्मा गाँधी स्वयं स्वीकार कर रहे हैं फिर भी इस आरोप को मेरे मित्र बेबुनियाद बता रहे हैं।

प्रतिवादी अधिवक्ता–हाँ महोदया, मैंने अभी तक बेबुनियाद शब्द का इस्तेमाल नहीं किया था किन्तु मेरे मित्र ने सही शब्द चुना है। आदर्शों पर चलने वालों का जीवन दोधारी तलवार जैसा होता है। वाह रे आरोप, बचपन में गाँधी ने कस्तूरबा से झगड़ा किया क्यों? क्या हमारे हिन्दू धर्म में पति को गुरु और परमेश्वर का दर्जा प्राप्त नहीं है? क्या उसमें पत्नी को पति की सहभागिनी का दर्जा नहीं दिया गया है? महात्मा गाँधी भी एक हिन्दू पति थे, उनकी भी इच्छा थी कि उनकी पत्नी उनके आदर्शों को माने, उनके उन आदर्शों पर चले जिसको वह सत्य और अहिंसा का आधार मानते थे। महोदया, सबसे महत्त्वपूर्ण बात यह है कि जैसे ही उन्हें इस भूल का पता चला कि छद्म धार्मिकता स्त्रियों का शोषण करती है

तो उन्होंने न सिर्फ़ अपने को पतित्व के अहं से मुक्त कर लिया बल्कि अपनी उस घटना की, जो घर–घर की कहानी है, ईश्वर की पूरी सृष्टि के सामने स्वीकार कर प्रायश्चित किया।

माननीया, महात्मा गाँधी ने स्वीकार किया है तीस वर्ष की आयु में उनके विचारों में गम्भीर परिवर्तन हुए। उनके विचार बदल चुके थे। उनके ही उद्‌गार हैं जिसका लिखित डॉक्यूमेण्ट पेश है।

*(प्रतिवादी अधिवक्ता जज महोदय को पेश करता है)*

पति–पत्नी का प्रेम स्थूल वस्तु नहीं है, उसके द्वारा आत्मा–परमात्मा के प्रेम की झाँकी दिखायी दे सकती है। यह प्रेम विषय प्रेम कभी नहीं हो सकता। विषय सेवन तो पशु भी करता है। जहाँ शुद्ध प्रेम है, वहाँ बल प्रयोग के लिए गुन्जाइश ही नहीं है। जहाँ शुद्ध प्रेम है, वहाँ दोनों एक–दूसरे का मन रखकर चलते हैं और दोनों धर्ममार्ग में आगे बढ़ते हैं।

माननीया, महात्मा गाँधी ने स्वयं अपने बारे में कहा है–"प्रारम्भ में मेरे अन्दर भी पति होने का दम्भ था और वह पशु बल भी जिससे पति अपनी पत्नी पर स्वामित्व जताते हैं।"

*( प्रतिवादी अधिवक्ता डॉक्यूमेण्ट पेश करता है )*

माननीया, कृपया इस शब्द पर ध्यान दिया जाये 'प्रारम्भ में'। माननीया, हमारी संस्कृति मैं रत्नाकर डाकू को वाल्मीकि मानकर गौरव किया जाता है। पत्नी को त्याग कर मोक्ष पाने वाले को बुद्ध, महावीर मानकर पूजा की जाती है पर हाय रे हत भाग्य, हमारा देश भारत, जिस व्यक्ति ने अपनी महान् यात्रा में अपनी पत्नी को छाया की तरह अपने साथ रखा उस पर सरेआम कोई भी आरोप लगाये जा सकते हैं। माननीया, बुद्ध यशोधरा को त्याग कर बुद्ध बनते हैं और गाँधी जी अपनी पत्नी कस्तूरबा के साथ रहकर महात्मा बनते हैं। और इतना ही नहीं माननीया, दुनिया उन्हें ईसा, बुद्ध और पैगम्बर की पंक्ति में बैठाती है।

माननीया, आप ही बतायें भारतीय इतिहास में ऐसा कोई एक भी व्यक्ति है जिसने स्त्री जाति के 'पत्नी' पद के लिए इतनी संवेदनशीलता के साथ विचार किया हो? माननीया, महात्मा गाँधी ने विवाह के समय सप्तपदी में दोहराये जाने वाले उन शब्दों का भी विरोध किया, जिसमें पति को पत्नी का परमेश्वर और गुरु कहा गया है। महात्मा गाँधी ने अपने और पुत्रवधू सुशीला से कहा था–मणिलाल सादगीपूर्ण भोजन बनाने की कला जानता है। स्त्रियों को सिर्फ़ रसोई बनाने के लिए नहीं सिरजा गया

है और जिस हद तक रसोई बनाना आवश्यक है उस हद तक उसमें पति–पत्नी दोनों को हाथ बँटाने चाहिए। एक बार जब उनके तृतीय पुत्र रामदास की पत्नी निर्मला गाँधी ने किसी से कहा–'मैं पति से पूछकर बताऊँगी' तो महात्मा गाँधी ने उनसे स्पष्ट शब्दों में कहा था–तुम अपने पति की गुलाम नहीं, अपने निर्णय लेने के लिए पूर्ण स्वतन्त्र हो।'

माननीया, आज भी आधुनिक विचारधारा के कितने ससुर अपनी बहू के लिए यह विचार रखते हैं? माननीया, उस घटना के लिए हिन्दू संस्कृति के संस्कार और परम्परा से युक्त होना भी एक कारण रहा होगा, क्योंकि उन्होंने स्वयं माना है जो लिखित रूप में भी उपलब्ध है।

*( प्रतिवादी अधिवक्ता जज को लिखित डॉक्यूमेण्ट पेश करता है)*

"हिन्दू संस्कृति ने स्त्री को पति का अत्यधिक गुलाम बनाकर और उसको पति के सर्वथा अधीन रखकर बड़ी भारी भूल की है। इसके कारण कभी–कभी वे अपने अधिकार का दुरुपयोग करते हैं और पशुवत् व्यवहार करने पर उतारू हो जाते हैं। हम स्त्रियों को यह समझायें सिखायें और विश्वास दिलायें कि एक पापी दुराचारी पति की खुशामद करना या उसकी संगति की आशा रखना, उनका कर्तव्य नहीं है।''

माननीया महात्मा गाँधी ने अपनी पत्नी कस्तूरबा को पति के तौर पर स्वतन्त्रता, सम्मान, प्रेम की अधिकारिणी तो बनाया ही साथ ही उन्हें स्त्री बनने के स्थान पर उच्चतर मनुष्य बनने में भी मदद की। माननीया, महात्मा गाँधी के पूर्व किसी नेता ने अपनी पत्नी के साथ सम्पूर्ण भारतवर्ष की यात्रा नहीं की थी। किसी नेता की धर्मपत्नी ने सार्वजनिक स्थल एवं सार्वजनिक कार्यों में योगदान नहीं दिया था। माननीया, क्या महात्मा गाँधी के पहले किसी भारतीय महापुरुष ने यह स्वीकारा था कि जो स्वतन्त्रता पति अपने लिए चाहता है ठीक वही स्वतन्त्रता पत्नी को भी मिलनी चाहिए।

माननीया, आप भी जानते हैं ऐसा होना दुर्लभ है तो फिर इन आरोपों का क्या मतलब है? अब बस इससे अधिक कुछ नहीं कहना है। बस न्याय की माँग करता हूँ।

जज–वादी पक्ष के अधिवक्ता को कुछ और भी पूछना है?

वादी अधिवक्ता–दैट्स ऑल मैडम। मैं भी न्याय की प्रतीक्षा में हूँ।

जज महोदया–कल तक के लिए न्यायालय मुअत्तल की जाती है। निर्णय कल सुनाया जायेगा।

## दृश्य दो

जज महोदया न्यायालय में प्रवेश करती हैं। दोनों पक्षों के अधिवक्ता न्यायालय में बैठे हैं और दर्शकदीर्घा भी उत्सुकता से जज महोदया को सुनने को बेताब है।

जज महोदया–दोनों पक्षों को सुनने के बाद न्यायालय इस निष्कर्ष पर पहुँचा है कि किसी भी व्यक्ति का निर्माण एक दिन में नहीं होता। कोई भी व्यक्ति बालपन में घर परिवार के धार्मिक परिवेश से संस्कारित रहता है। वह अपनी माँ को जिस तरह से देखता है उसी तरह के अपने दाम्पत्य जीवन की कल्पना करने लगता है। उसके पिता, नाना, दादा जैसे अपनी पत्नियों से व्यवहार करते हैं ठीक वैसा वह भी सीखता है। बाल पति को पति क्या माना जाये वह तो दो बालकों की कहानी हुई। जिस खेल में कोई रूठता है, तो कोई झगड़ता है, कोई झगड़ते हुए खेलता है और जीतना चाहता है। महात्मा गाँधी भी अपने बाल मित्र से शिक्षा लेने के बाद कस्तूरबा से जीतने की फ़िराक में अवश्य दिखते हैं पर यह एक बाल सुलभ संस्कार है। दक्षिण अफ्रीका की घटना अवश्य ही सख़्ती से पेश आने वाली घटना है जो महात्मा गाँधी के आदर्शों के कारण घटित हुई। हम सभी जानते हैं, ऐसी घटनाएँ घर–घर की कहानी हैं। पर एक बहुत बड़ा अन्तर है इस कहानी में, इस मुक़दमे का अभियुक्त एक ऐसा व्यक्ति है जो अपनी पत्नी को पढ़ाना चाहता है, अपनी पत्नी को मानसिक रूप से मज़बूत करने के लिए सार्वजनिक कार्यों में रुचि जगाता है। इसी क्रम में एक दिन वह अपना आपा खो देता है। मैं प्रतिवादी पक्ष के अधिवक्ता के उस मत से पूर्ण सहमत हूँ कि महात्मा गाँधी जी ने जब पूर्व के संस्कारों से अपने को अलग किया तो तीस वर्ष की आयु में पत्नी के प्रति सम्मान में उनमें क्रान्तिकारी परिवर्तन आ चुका था। सबसे बड़ी बात ऐसी घटनाएँ घर–घर की कहानी हैं, परन्तु इनका प्रायश्चित विरलों की कहानी बन पाती है। ईसाई धर्म में है कि यदि मनुष्य से कोई ग़लती हो जाती है तो चर्च में जाकर वह फ़ादर के सामने कन्फ़ेशन करता है यानी अपनी ग़लती को स्वीकार करता है। महात्मा गाँधी ने अपनी भूल को सृष्टिकर्ता की सम्पूर्ण सृष्टि के सामने स्वीकार करके एक अनूठी मिसाल रखी।

न्यायालय इस बात से पूरी तरह सहमत है कि महात्मा गाँधी ने बुद्ध और महावीर की तरह अपनी पत्नी को घर की चारदीवारी में तड़पने के

लिए छोड़कर बुद्धत्व और मुमुक्षत्व पाने की कोशिश नहीं की बल्कि अपनी पत्नी कस्तूरबा को मान, सम्मान और प्रेम देकर साथ रहते हुए भी महात्मा बनकर दुनिया के सामने एक मिसाल रखी।

# खण्ड पाँच

## दृश्य एक

जज महोदया—आज की कार्यवाही प्रारम्भ करें।

वादी अधिवक्ता—महोदया, गाँधीजी पर हमारा आज का आरोप यह है कि उन्होंने ब्रह्मचर्य के प्रयोग के नाम पर जो कुछ किया वह ग़लत था। मिस स्लेड मोहन की मीरा बन गयी और भी ऐसे बहुत सारे उदाहरण हैं। बहुत सारी स्त्रियाँ गाँधी जी के आश्रम में रहती थीं और वे सब गाँधीजी से अत्यधिक प्रभावित थीं। ब्रह्मचर्य का प्रयोग एक ऐसी पहेली है जिन्हें उनके अनुयायी तक भी नहीं समझ पाये उन लोगों ने भी उन्हें इसे न करने की सलाह दी थी।

प्रतिवादी अधिवक्ता—माननीया, हमारे मित्र सत्य के प्रयोग के बाद ब्रह्मचर्य के प्रयोग में आये हैं। उन्होंने एक बहुत ही पवित्र विषय को अपवित्र भाव से उठाया है, इसके लिए मैं अपना क्षोभ प्रकट करता हूँ पर जहाँ तक इस पवित्र विषय को मेरी बुद्धि ने समझा है, जहाँ तक मुझे इस सम्बन्ध में फ़ैक्ट्स मिले हैं, सभी मैं न्यायालय में प्रस्तुत करूँगा।

वादी अधिवक्ता—माननीया, मैं न्यायालय को यह बता देना चाहता हूँ कि मेरा भाव बिल्कुल पवित्र है। मेरे भाव पर टीका—टिप्पणी न करके हमारे मित्र हमारे आरोपों पर ध्यान दें और उनका जवाब देने की कोशिश करें।

प्रतिवादी अधिवक्ता—माननीया, सर्वप्रथम मैं ब्रह्मचर्य के बारे में न्यायालय को बताना चाहता हूँ।

वादी अधिवक्ता—माननीया, ब्रह्मचर्य का अर्थ सभी को पता है उस का शाब्दिक अर्थ है ब्रह्म की अर्चा और व्यावहारिक अर्थ हैं स्त्री—पुरुष में कोई संपर्क नहीं।

प्रतिवादी अधिवक्ता—माननीया, यदि मेरे क़ाबिल मित्र ने ब्रह्मचर्य का

अर्थ बता दिया हो तो मैं भी अपनी बात रखूँ। दरअसल ब्रह्मचर्य की यह व्याख्या जो मैं करने जा रहा हूँ वह मेरी नहीं महात्मा गाँधी की है और इसे यहाँ रखना मेरा कर्तव्य बन जाता है।

माननीया, रामकृष्ण परमहंस देव का मानना था कि हमारे शास्त्रों में बालू और चीनी को मिला दिया गया है, हमें चींटी की तरह चीनी को ग्रहण करना चाहिए और बालू को छोड़ देना चाहिए। महात्मा गाँधी ने भी अपने शास्त्र के यम–नियम को चीनी की तरह ग्रहण किया। सत्य, अहिंसा, ब्रह्मचर्य, अस्वाद, अस्तेय, अपरिग्रह, अभय, अस्पृश्यता और स्वदेशी को अपने जीवन का आधार बना लिया। माननीया, अभी बात ब्रह्मचर्य की रखनी है। महात्मा गाँधी की दृष्टि में ब्रह्मचर्य मोक्ष का द्वार था और इस द्वार में प्रवेश करने के लिए वे सतत् प्रयत्नशील ही नहीं रहे वरन् प्रवेश करके ही माने, ऐसा प्रतीत होता है। माननीया, इस प्रवेश में सफल होने के लिए इन अथक प्रयासों को ही लोग ब्रह्मचर्य के प्रयोग कहते हैं। लेकिन गाँधी ने उसे यज्ञ माना है।

वादी अधिवक्ता–माननीया, हमारे शास्त्र में पिता–पुत्री को भी एक साथ एकान्त में रहने पर निषेध है। और हम ऐसी बहुत–सी वारदात समाज में देखते हैं जो इस निषेध की पुष्टि करता है। हमारे देश में बहुत सारे सन्त महात्मा हैं, जिन्होंने स्त्रियों को देखने तक का निषेध किया है और अपने जीवन में इसे आचरित भी किया है।

प्रतिवादी अधिवक्ता–माननीया, महात्मा गाँधी का ब्रह्मचर्य स्त्री जाति को अपमानित नहीं करता है। स्त्रियों का मुख नहीं देखना, उन्हें नर्क़ का द्वार बताना और उन्हें सार्वजनिक कार्यों से दूर रखकर अपमानित करने को पुरुषों ने अपनी ऊँचाई का मापदण्ड बना लिया। दरअसल पुरुषों ने अपने मन की कमज़ोरी, अपने विकार के लिए स्त्री को उत्तरदायी बना दिया।

माननीया, ब्रह्मचर्य का अर्थ मेरे मित्र ने भी सही कहा है पर थोड़ा फ़र्क़ है। महात्मा गाँधी का मानना था ब्रह्मचर्य का अर्थ है, परमात्मा को पहचानने का मार्ग, अर्थात् सब इन्द्रियों का निग्रह। स्त्री अथवा पुरुष द्वारा मन–वचन और काया से विषय–भोगों का त्याग।

वादी अधिवक्ता–माननीया, मन की कौन जानता है? वचन और काया से विषय त्याग के लिए उस विषय यानी स्त्रियों से दूर रहने के लिए कहना क्या ग़लत है?

प्रतिवादी अधिवक्ता–माननीया, महात्मा गाँधी ब्रह्मचर्य के लिए एक ऊँचे मूल्यों वाला आचरण प्रतिपादित करना चाहते थे। इसी से उन्होंने ब्रह्मचर्य का मतलब शारीरिक संयम नहीं माना है। मैं उनका लिखित डॉक्यूमेण्ट पेश करता हूँ।

"ब्रह्मचर्य का मतलब केवल शारीरिक आत्मसंयम नहीं है, इसका मतलब इससे बहुत अधिक है, इसका मतलब है समस्त इन्द्रियों पर सम्पूर्ण नियत्रण। अशुद्ध विचार ब्रह्मचर्य भंग है, इसी तरह क्रोध भी।'' माननीया, महात्मा गाँधी ने अपनी आत्मकथा में अपने विचार को लिखा है–"ब्रह्मचर्य का अर्थ है मन, वचन, काया से समस्त इन्द्रियों का संयम। इस संयम के लिए त्याग की आवश्यकता है। त्याग के क्षेत्र की सीमा ही नहीं है, जैसे ब्रह्मचर्य की कोई सीमा नहीं। ऐसा ब्रह्मचर्य अल्प प्रयत्न से सिद्ध नहीं होता। प्रयत्नशील ब्रह्मचारी अपनी त्रुटियों का नित्य दर्शन करेगा, अपने अन्दर ओने–कोने में छिपकर बैठे हुए विकारों को पहचान लेगा और सतत् प्रयत्न करेगा। जब तक विचारों पर इतना अंकुश प्राप्त नहीं होता कि इच्छा के बिना एक भी विचार मन में ना आये तब तक ब्रह्मचर्य सम्पूर्ण नहीं कहा जा सकता।''

वादी अधिवक्ता–माननीया, क्या इतने कठिन ब्रह्मचर्य का पालन सम्भव है? यदि यह इतना कठिन है तो फिर ब्रह्मचर्य क्या केवल किताबों में रहने की चीज़ है?

प्रतिवादी अधिवक्ता–माननीया, महात्मा गाँधी ने भी स्वीकार किया है कि ब्रह्मचर्य करोड़ों लोगों के लिए सदा केवल आदर्श रूप ही रहेगा। ले. किन उन्होंने उसी आदर्श को पाने के लिए पैंतीस वर्ष की आयु में गृहस्थ जीवन में ही ब्रह्मचर्य का व्रत लिया।

वादी अधिवक्ता–माननीया, मुझे कहना पड़ रहा है कि गाँधीजी अपनी पत्नी का सम्मान करते थे और उनकी स्वतन्त्रता की कद्र करते थे तो क्या उन्होंने ब्रह्मचर्य व्रत लेते समय अपनी पत्नी से उनकी सहम. ति ली थी? जहाँ तक मुझे मालूम है, नहीं ली थी। क्या यह पत्नी का असम्मान नहीं है?

प्रतिवादी अधिवक्ता–माननीया, ब्रह्मचर्य के मामले में महात्मा गाँधी बहुत हद तक आग्रही थे। न्यायालय उनके हद को इस एक वाक्य से समझ सकता है–'मेरे तीनों लड़के ब्रह्मचर्य की दशा में मर जायें तो मुझे खेद होने के बदले ख़ुशी होगी।''

*( प्रतिवादी अधिवक्ता जज को डोकयुमेण्ट बढ़ाता है )*

माननीया, महात्मा गाँधी का मानना था–'मेरे मतानुसार ब्रह्मचर्य का पालन करने के लिए न तो पुरुष को स्त्री से अनुमति लेने की ज़रूरत है न स्त्री को पुरुष से, अच्छा है कि इस विषय में दोनों परस्पर एक–दूसरे की सहायता करें। लेकिन अनुमति मिले या ना मिले जिसकी इच्छा हो वह ब्रह्मचर्य का पालन करे और उसका लाभ उठाये। संग से बचने के लिए अनुमति लेने की ज़रूरत नहीं होती। परन्तु संग करने के लिए दोनों की अनुमति आवश्यक है। जो पुरुष अपनी पत्नी की अनुमति प्राप्त किये बिना संग करता है वह बलात्कार का पाप करता है।' लेकिन महोदया, सच्चाई यही है कि महात्मा गाँधी ने ब्रह्मचर्य का व्रत लेते समय अपनी धर्म–पत्नी कस्तूरबा से इस विषय पर बात की और कस्तूरबा की ओर से इसका कोई विरोध नहीं हुआ। इस सम्बन्ध में उन्होंने अपनी आत्मकथा में लिखा है–''अच्छी तरह चर्चा करने और गहराई से सोचने के बाद 1905 में मैंने ब्रह्मचर्य का व्रत लिया। व्रत लेते समय धर्म–पत्नी से सलाह की, उसकी ओर से कोई विरोध नहीं हुआ।''

माननीया, महात्मा गाँधी का तो यहाँ तक मानना था कि मनुष्य यदि पशु से श्रेष्ठ है तो उसकी श्रेष्ठता ब्रह्मचर्य पालन की उसकी शक्ति में है।

*( प्रतिवादी अधिवक्ता जज महोदया को पुर्जा बढ़ाता है )*

वादी अधिवक्ता–माननीया, मैं गाँधी जी के उच्च मूल्यों से सहमत हूँ। पर व्यवहार में स्त्रियों से दूर रहने में क्या ग़लत है? इससे आसानी से ब्रह्मचर्य की रक्षा हो सकती है।

प्रतिवादी अधिवक्ता–माननीया, तब से मैं यही तो बताना चाह रहा हूँ कि महात्मा गाँधी का ब्रह्मचर्य कसौटी पर कसने वाला है ना कि आडम्बर, पाखण्ड या नाटक है। उन्होंने स्वयं माना है।

( प्रतिवादी अधिवक्ता पुर्जा प्रस्तुत करता है )

''सच्चे ब्रह्मचारी की वाणी में विचार में और आचार में एक अनोखा प्रभाव देखने में आता है। ऐसा ब्रह्मचर्य स्त्रियों के साथ पवित्र सम्बन्ध रखने से या उनके आवश्यक स्पर्श से भंग नहीं होता। ऐसे ब्रह्मचारी के लिए स्त्री या पुरुष का भेद मिट जाता है। इस वाक्य का कोई अनर्थ ना करे। मैं जान–बूझकर मन से नपुंसक बनना चाहता हूँ, ऐसा बना तो शरीर से बन जाना ही है। यही सही ब्रह्मचर्य है।''

वादी अधिवक्ता–माननीया, क्या गाँधी जी उस ऊँचाई तक पहुँच पाए जिसकी वे कल्पना करते थे या जो उनका आदर्श था?

प्रतिवादी अधिवक्ता–माननीया, इतने ऊँचे आदर्शों को एक साल या दो साल के प्रयासों के फलस्वरूप पाना असम्भव है, इसके लिए जीवनभर तेलवत धारा की तरह साधना करनी पड़ती है जिसे महात्मा गाँधी ने आजीवन किया।

माननीया, महात्मा गाँधी की वाणी से ही उनके इस कठिनतम व्रत के बारे में न्यायालय को अवगत कराने का प्रयत्न करता हूँ।

*( प्रतिवादी अधिवक्ता जज को डॉक्यूमेंट पेश करता है )*

"मैं 1901 से ब्रहमचारी का जीवन जी रहा हूँ और आज 1901 से बेहतर ब्रह्मचारी हूँ। मेरे प्रयोग ने अगर कुछ किया है तो यह कि मैं जो था उससे ज़्यादा पक्का बना। प्रयोग सम्पूर्ण ब्रह्मचारी बनने के लिए था और ईश्वर की इच्छा होगी तो सम्पूर्ण बनने का कारण होगा।''

माननीया, महात्मा गाँधी की कामना शुकदेव की स्थिति तक पहुँचने की थी। शुकदेव वेदव्यास के पुत्र थे। उन्हें स्त्री–पुरुष के अन्तर का भान ही नहीं था। एक दृष्टान्त है, जब राजा जनक से उनकी पत्नी सुनयना ने पूछा कि नारद और शुकदेव में उच्च श्रेणी के ब्रह्मचारी कौन हैं तो राजा जनक ने उत्तर दिया–'स्वयं जाँच लो। सुनयना सोलह श्रृंगार कर नारद और शुकदेव के मध्य खाली स्थान पर जाकर बैठ गयी। नारद सकुचा कर अलग हट गये पर वीतरागी शुकदेव वैसे ही बैठे रहे, अविचलित। महात्मा गाँधी की वाणी है–''मेरी कामना महात्मा शुकदेव की स्थिति तक पहुँचने की है।''

माननीया, मेरे मित्र जानना चाहते हैं कि महात्मा गाँधी उस स्थिति तक पहुँच पाये या नहीं?

*( प्रतिवादी अधिवक्ता डॉक्युमेण्ट पेश करता है )*

महात्मा गाँधी के अनुसार–जो मनुष्य मन से विकार ग्रस्त हो जाये समझना चाहिए कि उसका ब्रह्मचर्य स्खलित हो गया। जो मनुष्य विचार में निर्विकार नहीं, वह पूर्ण ब्रह्मचारी कभी नहीं माना जा सकता।

वादी अधिवक्ता– माननीया, यह एक आदर्शजनक स्थिति है और सच कहें तो असम्भव–सी बात है। आदर्श और व्यवहार में ज़मीन आसमान का फ़र्क़ होता है। पर स्वयं गाँधी जी की स्थिति क्या थी, क्या इस पर मेरे मित्र प्रकाश डालेंगे?

प्रतिवादी अधिवक्ता–माननीया, मैं इस बिन्दु पर आ रहा था। महात्मा गाँधी की ही वाणी है–"मैं अभी उक्त व्याख्या तक नहीं पहुँच पाया हूँ, लेकिन काफ़ी आगे बढ़ गया हूँ लेकिन जब विचारों पर पूरा अधिकार हो जाता है तब पुरुष स्त्री को और स्त्री पुरुष को अपने में समाहित कर लेते हैं। हालाँकि ऐसा ब्रह्मचारी मेरे देखने में नहीं आया। ऐसा ब्रह्मचारी बनने के लिए ही मैं प्रयत्न कर रहा हूँ।"

वादी अधिवक्ता–माननीया, यदि गाँधी जी इतने ऊँची स्थिति पाने के लिए इस प्रयोग को कर रहे थे तो उनके अनुयायियों में से अधिकांश ने इस प्रयोग का विरोध क्यों किया? किशोर मशरूमवाला तक ने गाँधी जी के इस प्रयोग को रोकने के लिए दबाव बनाया। क्या यह सत्य नहीं है?

प्रतिवादी अधिवक्ता–माननीया, मेरे मित्र थोड़ा धीरज रखें। मैं उनकी बात पर आ रहा हूँ। जिस उच्च श्रेणी के दुर्लभ ब्रह्मचर्य को पाने के लिए महात्मा गाँधी प्रयत्नशील थे यदि उसे कर पाना और समझ पाना इतना ही सरल होता तो फिर वह इतना दुर्लभतम क्यों होता?

माननीया, महात्मा गाँधी दरअसल एक पूर्णतम आध्यात्मिक व्यक्ति थे, उच्च कोटि के अध्यात्मिक महापुरुष। जिन्होंने मातृभूमि और मानवता की सेवा करने के लिए ऊपर से राजनीति की चादर ओढ़ रखी थी, वह चादर उनसे स्पर्शित होकर पवित्र हो रही थी किन्तु उस महामानव को अपने में समेटने और लपेटने का साहस नहीं कर सकी।

माननीया, महात्मा गाँधी के स्वयं के शब्द हैं–"मैं हमेशा से यह कहता आया हूँ कि मेरे जीवन में धर्म का स्थान प्रमुख है और राजनीति उसकी अनुवर्तिनी है। मेरे राजनीतिक क्षेत्र में आने का कारण यह हुआ कि मैं अपना धार्मिक जीवन अर्थात् सेवामय जीवन को उससे प्रभावित हुए बिना व्यतीत न कर सका। यदि उससे मेरे धार्मिक जीवन में बाधा पड़े तो मैं आज ही उसे त्याग दूँ।"

माननीया, एक बात की ओर ध्यान आकर्षित करना चाहता हूँ, महात्मा गाँधी के धार्मिक जीवन का मतलब सेवामय जीवन है। महात्मा गाँधी ईश्वर प्रेम में रत पूर्ण समर्पित व्यक्ति थे, जिनकी प्रत्येक इच्छा ईश्वरेच्छा थी और उन्हें सम्पूर्ण मानवता और देश की सेवा करके सृजनहार की सेवा करनी थी।

वादी अधिवक्ता–माननीया, अभी तक मेरे मित्र ने गाँधी जी के

अनुयायियों द्वारा इस प्रयोग को न करने के अनुरोध पर एक शब्द भी नहीं कहा है।

प्रतिवादी अधिवक्ता–माननीया, मैं उसी प्रसंग पर आ रहा था कि इस दुर्लभतम स्थिति को समझ पाना उनके अनुयायियों के लिए भी कठिन था। महात्मा गाँधी ने अपने इस ब्रह्मचर्य के प्रयोग के बारे में सार्वजनिक सभा में बताया था क्योंकि उनकी मान्यता थी कि जब सृष्टिकर्ता से कुछ नहीं छुपा तो उनके सृजनहार से कैसा दुराव–छिपाव?

माननीया, उन्होंने अपने अनुयायियों को इस प्रयोग के बारे में जो स्वयं कहा है वह लिखित रूप में प्रस्तुत है–"ब्रह्मचर्य प्रयोग नहीं है, मेरे यज्ञ का अभिन्न अंग है। व्यक्ति प्रयोग को छोड़ सकता है लेकिन अपने कर्तव्य का त्याग नहीं कर सकता। अब यदि मैं किसी चीज़ को अपने यज्ञ का अंग समझता हूँ तो मैं उसका त्याग नहीं कर सकता, भले ही लोकमत पूर्णतया मेरे विरुद्ध हो। मैं आत्म–शुद्धि के कार्य में लगा हुआ हूँ, पाँच प्रमुख नियम मेरे इस आध्यात्मिक प्रयत्न के पाँच आधारभूत स्तम्भ हैं। ब्रह्मचर्य उनमें से एक है, लेकिन पाँचों अविभाज्य और एक हैं। वे परस्पर सम्बद्ध और एक–दूसरे पर निर्भर हैं। इनमें से यदि एक भंग हो जाता है तो सब भंग हो जायेंगे। यदि मैं किसी के लिए व्यवहार में ब्रह्मचर्य से पीछे हटता हूँ तो न केवल ब्रह्मचर्य से पीछे हटूँगा बल्कि सत्य और अहिंसा और अन्य सब का त्याग करूँगा। मैं अन्य बातों में कथनी और करनी में भेद नहीं करता यदि मैं ब्रह्मचर्य के सम्बन्ध में शिथिलता बरतता हूँ तो क्या इससे मेरा ब्रह्मचर्य कुण्ठित नहीं हो जायेगा और सत्य का आचरण दूषित नहीं होगा?"

माननीया, महात्मा गाँधी ने इस सम्बन्ध में आगे क्या कहा, कृपया न्यायालय इस पर ध्यान देने की कृपा करे–"यदि आदमी रूढ़िवादी परम्पराओं की लीक से हटकर चलने को तैयार न हो तो किसी प्रकार की नैतिक प्रगति या सुधार सम्भव नहीं है। हमने जो अपने को सामाजिक रूढ़ियों के फ़ौलादी शिकंजे में जकड़ जाने दिया, उसमें हमने अपना अहित किया है। शास्त्रों के अनुसार ब्रह्मचर्य की रक्षा के लिए जिस नौ परतों वाली दीवार का ज़िक्र है वह मेरी दृष्टि में अपर्याप्त और दोषपूर्ण है। स्वयं अपने लिए उन नियमों को मैंने कभी स्वीकार नहीं किया है। सुरक्षा के उस कवच के पीछे रह कर तो मेरी राय में सच्चे ब्रह्मचर्य के लिए प्रयत्न भी नहीं किया जा सकता।"

माननीया, महात्मा गाँधी अपनी बात को पूर्णतया स्पष्ट करते हुए बताते हैं–''सुधारक के लिए अन्य लोगों के विचार बदलने तक रूके रहना सम्भव नहीं है। उसे तो मौक़ा मिलने पर सारी दुनिया के विरोध के बावजूद अकेले ही आगे बढ़ना होगा। आप जिस ब्रह्मचर्य की दुहाई देते हैं मैं अपनी सूझ–बूझ, अध्ययन और अनुभव के प्रकाश में उस ब्रह्मचर्य की मौजूदा व्याख्या की परख करना चाहता हूँ। उसे और व्यापक बनाना चाहता हूँ और उसके अनुसार उसमें सुधार करना चाहता हूँ। अतः जब मेरे सामने कोई अवसर आता है तो उससे मैं कतराता नहीं और न ही उससे दूर भागता हूँ। इसके विपरीत मैं अपना धर्म मानता हूँ कि उसका सामना किया जाये और पता लगाया जाये कि वह रास्ता कहाँ जाता है और मैं कहाँ खड़ा हूँ। ब्रह्मचर्य के सच्चे साधक के लिए नारी के भय से दूर भागना मेरी दृष्टि में अशोभनीय है।''

माननीया, महात्मा गाँधी ने अपने अनुयायियों से स्पष्ट कह दिया–ईश्वर की आराधना करते हुए जो अविकारी की स्थिति प्राप्त करते हैं, वैसे ही मेरी भी कामना है। मैं परमात्मा को खोजने की भावना से यह कर रहा हूँ, जिसे मैं अपना कर्तव्य समझता हूँ।

वादी अधिवक्ता–माननीया, मैं अपने मित्र की बात मान लेता हूँ कि उच्च आदर्श के लिए उन्होंने ब्रह्मचर्य का प्रयोग किया। परन्तु उस ज़माने में जब स्त्रियाँ घर से बाहर नहीं निकलती थीं, गाँधी जी प्रभावती, मीरा, प्रेमा, राजकुमारी, अमृत कौर सहित सैकड़ों नहीं हज़ारों स्त्रियों के साथ आश्रम में न सिर्फ़ रहे बल्कि उन लोगों का उनसे भावनात्मक सम्बन्ध भी रहा।

प्रतिवादी अधिवक्ता–ऑब्जेक्शन माननीया, अविकारी गाँधी का जीवन ही सत्य, अहिंसा और ब्रह्मचर्यमय था। स्त्रियों के प्रति उनका सहज प्रेम, स्नेह और संवेदनशीलता पर कामपिपासुओं की मर्यादाविहीन टिप्पणी देखकर मन लज्जा और क्षोभ से भर रहा है।

माननीया, महात्मा गाँधी स्त्री और पुरुष में परस्पर में सहज सम्बन्ध की प्रवृत्ति रखना चाहते थे।

माननीया, इसका लिखित नोट प्रस्तुत है–महात्मा गाँधी का मानना था, ''पुरुषों का स्त्रियों के साथ ऐसा व्यवहार हो जैसा पुरुषों के साथ हो, दो पुरुष जैसे एक खाट पर बैठने या सोने में किसी का स्पर्श नहीं करते, ठीक वैसे ही स्त्रियों के प्रति भी करें। हम हो सके तो लिंग को भूलें।''

माननीया, जिन महान स्त्रियों के नाम मेरे भोले मित्र ने लिए हैं उन सब को महात्मा गाँधी ने अपनी पुत्री बनाया था। माननीया, महात्मा गाँधी ने अपने जीवन काल में हजारों पुत्रियाँ बनायी। वह अपनी पुत्रियों के माता–पिता दोनों थे। मनु गाँधी ने तो एक पुस्तिका ही लिखी है, 'बापू– मेरी माँ; बिनोवा जी ने भी लिखा है–'बापू, बापू कम माँ अधिक हैं।'

माननीया, इस ब्रह्मचर्य के प्रयोग द्वारा महात्मा गाँधी पुरुष में मातृत्व भावना का विकास कर रहे थे।

*( प्रतिवादी महात्मा गाँधी का डॉक्यूमेंट पेश करता है )*

"भगवान ने ठीक अवसर पर मुझे यह साधन दिया है जिससे मैं संसार के सम्मुख यह कह सकूँ कि पुरुष यदि अपने मन में मातृभावना का विकास करें तो मानव जाति का उद्धार हो जाये।"

माननीया, आज पिता और पुत्री का जैसा सहज सम्बन्ध है सौ साल पहले नहीं था। उच्च वर्ग के कुछ घरों को छोड़कर पुत्रियाँ अपने पिता के सामने आती तक न थीं, न बात ही कर पाती थीं।

माननीया, अपने ही घरों में एक कोने में उपेक्षित पड़ी पुत्रियों को महात्मा गाँधी ने समाज की मुख्यधारा से जोड़ा। पहली बार किसी विचारक और महापुरुष ने पुत्रियों की महत्ता को दुनिया के सामने यह कहते हुए रखा–अपने पिता की सेवा के लिए अपनी ज़िन्दगी न्योछावर करने वाली स्त्रियों के प्रति मेरे मन में अत्यन्त आदर है। वे प्रशंसनीय हैं और ऐसी पुत्रियाँ मुझे बेहद पसंद हैं।''

वादी अधिवक्ता–माननीया, क्या किसी अन्य पिता को अपनी सगी पुत्री के कन्धे पर हाथ रख कर चलते हुए आपने देखा है? गाँधीजी का खुलेआम लड़कियों के कन्धे पर हाथ रखकर चलना मर्यादाविहीनता नहीं है?

प्रतिवादी अधिवक्ता–माननीया, मनु और आभा गाँधी या अन्य पुत्रियों को अपने बुढ़ापे की लाठियाँ बनाकर महात्मा गाँधी ने पूरे भारतवर्ष को यह सन्देश देने की कोशिश की कि सिर्फ़ पुत्र ही नहीं पुत्रियाँ भी पिता के बुढ़ापे की लाठियाँ बन सकती हैं।

माननीया मेरे मित्र जानना चाहते हैं कि महात्मा गाँधी ने क्या ब्रह्मचर्य की उस उच्च स्थिति को प्राप्त किया था? उसके बारे में 24 जनवरी, 1948 को दिल्ली में महात्मा गाँधी ने स्वयं क्या कहा है, उसे मैं न्यायालय में पेश करता हूँ। उसके बाद जो हुआ उसे पूरी दुनिया ने अनुभव किया और

महात्मा गाँधी को ईसा, बुद्ध और सुकरात की पंक्ति में बैठा दिया गया।

*( प्रतिवादी अधिवक्ता डॉक्यूमेंट पेश करता है )*

"खुदा की कृपा से मेरे में आहिस्ता–आहिस्ता वह शक्ति आ रही है, मैं तो राम का दास हूँ उनकी मर्ज़ी होगी वहाँ तक उनका काम करूँगा। अपने जीवन से अगर सत्य, अहिंसा की सफलता बता सकूं। ऐसी मौत खुदा देगा तभी मैं कामयाब हो सकता हूँ। लोगों ने महात्मा बना दिया तो क्या? अभी तो एक मामूली आदमी हूँ, हाँ अगर मैंने सत्य, अहिंसा, अस्तेय, ब्रह्मचर्य आदि व्रतों का सम्पूर्ण पालन किया होगा और ईश्वर को बीच में साक्षी रखकर किया होगा तब वैसी ही मृत्यु आयेगी जैसा मैं चाहता हूँ कि मुझको कोई मारता हो फिर भी मैं उसकी तरफ़ जरा–सा गुस्सा ना करूँ और राम नाम लेते मरूँ।"

माननीया, क्या इस सच को पूरी दुनिया ने नहीं देखा? उस महान् ब्रह्मचारी के बारे में ऐसी बातें करना एक घोर अपराध और घृणित पाप है।

माननीया, जहाँ तक मैं समझता हूँ न्यायालय को ब्रह्मचर्य के ऊँचे मूल्यों की भली–भाँति जानकारी देने में मेरी कोशिश सही रही है।

माननीया, मनोरोगियों की कुण्ठित भावना न मानवीयता समझती है, न सच्चाई देखती है और न उसे फैक्ट्स की आवश्यकता होती है। मेरे क़ाबिल मित्र के इस तरह के आरोप इसी श्रेणी के हैं और फिर भी जहाँ तक मैंने समझा है सम्पूर्ण सत्य को न्यायालय के सामने रख दिया है।

जज–जहाँ तक मैं समझती हूँ दोनों पक्षों ने अपनी बात समाप्त कर ली है, कल फैसला सुनाया जायेगा।

## दृश्य दो

जज– जजमेंट सुनाने के पहले मैं एक घटना की चर्चा करना चाहती हूँ। मुझे याद है एक दिन तेज़ हवा के झोंके से एक स्त्री की साड़ी का उड़ता हुआ आँचल मन्दिर के बाहर की सीढ़ियों के पास खड़े साधु से स्पर्शित हो गया। उस स्त्री को इस बात का आभास भी नहीं हुआ और वह आगे बढ़ गयी। दो मिनट बाद साधु की कर्णकटु आवाज सुनाई पड़ी–ऐ औरत, तुम्हारी साड़ी से स्पर्शित होने के कारण हमें अभी स्नान करना पड़ेगा, अन्धी है क्या देखकर नहीं चलती, हमें भ्रष्ट बनाना चाहती है।

न्यायालय जानना चाहता है उस साधु से, उस धार्मिक समाज से–

क्या किसी पुरुष को अपनी ऊँचाई साबित करने के लिए स्त्री जाति को अपमानित करना आवश्यक है? उसे यह भी ध्यान नहीं आया कि उसका उद्‌गम स्थल भी एक स्त्री ही है? न्यायालय इस बात से सहमत है कि स्त्री स्पर्श को नरक का द्वार बताकर सार्वजनिक जीवन से उन्हें दूर करने का पितृसत्तात्मक सामाजिक व्यवस्था का एक धार्मिक षड्यन्त्र है। स्त्रियों को माया कह कर तिरस्कृत किया जाता रहा है और श्रद्धालु स्त्रियाँ इसे अपनी नियति मानकर धार्मिक आयोजनों में उपेक्षित होकर भी कृतकृत्य होती रही हैं। समाज द्वारा पददलित होती हुई स्त्रियों का पक्ष लेकर उसे आन्दोलित करने और जगाने का काम महात्मा गाँधी ने गाली और गोली खाकर भी किया, इससे कौन इनकार कर सकता है? जहाँ तक महात्मा गाँधी के ब्रह्मचर्य का सवाल है और इसे जहाँ तक न्यायालय ने समझा है उनका ब्रह्मचर्य मोक्ष पाने का' सत्य और अहिंसा की तरह सबसे प्रमुख साधनों में से एक था। लेकिन उनका ब्रह्मचर्य प्राचीन और आधुनिक काल के अन्य संकुचित धार्मिक मान्यताओं से थोड़ा भिन्न था। उनका ब्रह्मचर्य स्त्रियों को अपमानित नहीं करता है और न उन्हें ब्रह्मचर्य भंग करने की वस्तु मान कर उनका तिरस्कार ही करता है। महात्मा गाँधी की दृष्टि में जो ब्रह्मचर्य स्त्रियों के दर्शन और स्पर्श से खण्डित हो जाता है, वह ब्रह्मचर्य नहीं हो सकता। उनकी दृष्टि में मोक्ष प्राप्ति का साधन वह ब्रह्मचर्य है जो अविकारी हो गया हो, जो पूर्ण यौवना सुन्दरी का स्पर्श करके ही नहीं, यदि उसे निर्वस्त्र स्त्री के साथ सोना भी पड़ जाये तो उसके मन में किंचित विकार पैदा न हो, तब है वह ब्रह्मचर्य। महात्मा गाँधी ने अपने जीवन के अन्तिम अध्याय में अनुयायियों के विरोध के बावजूद ब्रह्मचर्य के प्रयोग करके सफलता प्राप्त की।

न्यायालय की दृष्टि में इस तरह के आरोप दो तरह के लोगों के द्वारा लगाये गये हैं, एक तो वे जो भोले–भाले लोग हैं, अफ़वाहों पर विश्वास करते हैं और दूसरे वे जिन्हें आदर्श नहीं सुहाते।

इसे न्यायालय अपने देश के राष्ट्रपिता के चरित्र के हनन का मुद्दा मानता है लेकिन न्यायालय को भी आश्चर्य है कि इस देश के कुछ लोग अपने देश की सबसे अनमोल पूँजी का विनाश क्यों चाहते हैं?

# खण्ड छह

## दृश्य एक

जज– आज की कार्यवाही प्रारम्भ की जाये।

वादी अधिवक्ता–माननीया, आज का आरोप भारत के विभाजन से जुड़ा हुआ है। एक ऐसी त्रासदी जिसे आज भी हम भुगत रहे हैं। यदि गाँधी जी चाहते तो देश का विभाजन नहीं होता। उन्होंने विभाजन रोकने के लिए आमरण अनशन नहीं किया। हो सकता था कि आमरण अनशन के कारण विभाजन रुक जाता। मेरा ऐसा मानना है कि विभाजन गाँधीजी के कारण ही हुआ।

प्रतिवादी अधिवक्ता–माननीया, इस बात से कौन इनकार कर सकता है कि भारत का विभाजन एक ऐसी त्रासदी है जिसके घाव आज तक नहीं भरे हैं। कोई मरहम इस जख़्म की दवा नहीं कर पाया है। परन्तु माननीया, विभाजन महात्मा गाँधी के कारण हुआ यह कहना दुनिया के सबसे बड़े असत्य की श्रेणी में आयेगा। भारत में मोहनदास करमचन्द गाँधी नाम का कोई व्यक्ति है यह भारत भी नहीं जानता था, उसी समय विभाजन के बीज बोये गये थे। 1818 के आसपास लॉर्ड डफरिन द्वारा इस विभाजन के बीज का बीजारोपण हुआ। माननीया, सच्चाई तो यही है कि महात्मा गाँधी ने विभाजन का विषैला वृक्ष समूल नष्ट करने का प्रयास किया था, परन्तु वे सफल नहीं हुए।

माननीया, महात्मा गाँधी अकेले ही अन्त तक विभाजन के विरोध में थे। मैं यह मानता हूँ कि विभाजन को रोकने की सामर्थ्य सबसे अधिक महात्मा गाँधी में थी पर उनकी सामर्थ्य भी कम पड़ गयी।

माननीया, विभाजन का बीज तो तब ही डाल दिया गया था जब अंग्रेज़ों ने 'फूट डालो और राज' करो की नीति के षड्यन्त्र की शुरुआत की। द्विराष्ट्रवाद के सिद्धान्त का पहला बीज 1885 में लॉर्ड डफरिन ने

बोया लेकिन वह बीज अंकुरित नहीं हो पा रहा था। माननीय इक़बाल उस समय तक गा रहे थे 'सारे जहाँ से अच्छा हिन्दुस्ताँ हमारा'। 1916 में जिन्ना मुस्लिम लीग के अधिवेशन में कह रहे थे–"मुसलमानों को केवल अपने सामूहिक हित का और संकुचित स्वार्थ का विचार छोड़ देना चाहिए। सात करोड़ मुसलमानों को निर्भय बनकर यह सिद्ध करना होगा कि काया वाचा कर्मणा से हम राष्ट्रीय एकता में शामिल हैं।" माननीया, 1917 में कांग्रेस अधिवेशन में जिन्ना मुस्लिम लीग के प्रतिनिधि के रूप में उपस्थित होकर कह रहे थे–हिन्दू समाज बहुमत की शक्ति से विधानसभा में कोई कानून हम पर थोपेगा और जबरन हिन्दू सरकार की स्थापना करेगा ऐसा समझना निरर्थक और निराधार है। हिन्दू श्रेष्ठत्व का नारा केवल एक हौवा है। आप लोगों के शत्रु आपका मन विचलित करने के लिए यह डर दिखा रहे हैं। आज़ादी के आन्दोलन में हिन्दू और मुस्लिम परस्पर सहयोग न करें, यह लालसा इस तरह के हौवा खड़ा करने के पीछे है। इस देश में हिन्दुओं का राज आप न चाहते हों तो उसी भावना और उसी आवाज़ में मैं कहूँगा कि इस देश पर मुसलमानों का राज न हो और ब्रिटिशों का तो बिल्कुल न हो। सत्ता का हस्तान्तरण होना ज़रूरी है।

माननीया, सावरकर महोदय ने भी अपनी पहली पुस्तक 1857 जो स्वतन्त्रता संग्राम पर आधारित है में लिखा है–'मुसलमान भी हिन्दुओं की तरह प्रखर राष्ट्रवादी हैं।'

माननीया, पूरी दुनिया जानती है कि दो बिल्लियों की लड़ाई में बन्दर हमेशा फ़ायदे में रहता है। अंग्रेज़ी हुकूमत की चाल में फँसकर दोनों पक्ष के मन–मस्तिष्क बदल गये या बदल दिये गये। कुछ तो अवश्य हुआ, तभी तो 'सारे जहाँ से अच्छा' गाने वाले इक़बाल साहब के 1930 में इलाहाबाद में मुस्लिम लीग़ के सम्मेलन में स्वर बदल गये–"मैं चाहता हूँ कि पंजाब, पश्चिमोत्तर सीमा प्रान्त एवं बलूचिस्तान ये सभी एक हो जायें एवं एक राज्य बने। मुझे लगता है कि जहाँ तक पश्चिमोत्तर भारत का सम्बन्ध है वहाँ तक पश्चिमोत्तर मुस्लिम राज्य चाहे वह ब्रिटिश साम्राज्य के अन्दर हो या बाहर।'

माननीया, 1937 में ही हिन्दू महासभा में सावरकर साहब का भी सुर बदल गया, उसे मैं न्यायालय में पेश करता हूँ–"आज हिन्दुस्तान एक प्राण एकात्म राष्ट्र हो गया है। यह मानने की भूल करने से अपना काम नहीं चलेगा, उल्टे इस देश में मुख्यतः हिन्दू और मुसलमान दोनों दो राष्ट्र हैं, इसे स्वीकार कर चलना चाहिए।"

माननीया, न्यायालय इन वक्तव्यों को देखकर वास्तविकता समझ सकता है। दोनों तरफ़ कट्टरवाद को अंग्रेज़ी हुकूमत हवा दे रही थी, तभी तो 1943 में सावरकर साहब ने कहा–"मुझे जिन्ना के दो राष्ट्रों के सिद्धान्त को लेकर कोई आपत्ति नहीं है। हम हिन्दू अपने में एक राष्ट्र हैं और यह ऐतिहासिक तथ्य है कि हिन्दू और मुस्लिम दोनों ही दो राष्ट्र हैं।"

*(प्रतिवादी अधिवक्ता जज महोदय को डॉक्यूमेंट पेश करता है।)*

माननीया एक तरफ़ इक़बाल साहब का बयान अलग राष्ट्र से ही झगड़े का अन्त, दूसरी ओर सावरकर साहब का दो राष्ट्र की मंजूरी। महोदया,क्या इससे यह बात स्फ़टिक की तरह साफ़ नहीं हो जाती है कि अंग्रेज़ी हुकूमत ने विभाजन काबीज इतना गहरा रोपा था कि दोनों कौमों की कट्टर ताक़तों की ओर से द्विराष्ट्र का समर्थन मिलने लगा।

माननीया, एक तरफ़ ये दोनों ताक़तें अंग्रेज़ों की चाल में आकर हिन्दू–मुस्लिम में नफ़रत फ़ैला रही थीं उधर दूसरी ओर महात्मा गाँधी अपने अनुयायियों के साथ हिन्दू–मुस्लिम एकता के लिए अपने प्राण की बाज़ी लगा रहे थे।

माननीया, विभाजन के विषवृक्ष को फलने–फूलने से रोकने के लिए महात्मा गाँधी ने वॉसराय को नौ–सूत्री एक योजना दी जो इस प्रकार है–

1. पहला मन्त्रिमण्डल बनाने का विकल्प जिन्ना को दिया जाये।
2. मन्त्रियों को चुनने का पूरा अधिकार जिन्ना को हो।
3. सभी भारतीय के हितों के कार्यक्रम में अगर जिन्ना चाहें तो कांग्रेस सभी प्रकार से सहयोग करने की हामी भरेगी।
4. लॉर्ड माउण्टबेटन एक पंच की तरह भारतीयों के हितों को तय करेंगे।
5. पूरे भारत में शान्ति रहे इसके लिए जिन्ना प्रयत्नशील रहेंगे।
6. एक सीमा में रहकर जिन्ना पाकिस्तान विषयक अपनी अवधारणा को सामने रखेंगे।
7. नेशनल गार्ड या खानगी सेना नहीं रहेगी, उसे समाप्त करना होगा, यह लीग की हिंसक सेना थी।
8. विधानसभा में कांग्रेस का बहुमत हो तब भी कांग्रेस मुस्लिम लीग का विरोध नहीं करेगी। सभी भारतीयों के हितों और कल्याणकारी योजनाओं और कार्यक्रमों को कांग्रेस मंजूरी देगी।

9. अगर जिन्ना इस योजना को न स्वीकारें तो यही योजना कांग्रेस के सामने रखी जायेगी।

माननीया, विभाजन टालने के लिए महात्मा गाँधी जिन्ना के सामने किस हद तक विकल्प रख रहे हैं यह इन नौ मुद्दों से समझा जा सकता है।

वादी अधिवक्ता–माननीया, क्या इस हद तक जिन्ना के आगे गिड़गिड़ाना गाँधीजी का सही था? एक बात और, राजागोपालचारी के विभाजन की योजना को गाँधीजी का स्वीकार करना क्या सही था?

प्रतिवादी अधिवक्ता–माननीया, राजा जी ने महात्मा गाँधी को एक फार्मूला दिया था कि विभाजन अंग्रेज़ों से स्वतन्त्रता मिलने के बाद हो। लेकिन जिन्ना ने इसे दो टूक शब्दों में यह कहते हुए ख़ारिज कर दिया कि योजना सामने रखकर राजा जी और गाँधी जी घोड़े के आगे गाड़ी जोत रहे हैं। अंग्रेज़ अगर सत्ता छोडे तब ही यह योजना अमल में आ सकती है, इसलिए मुस्लिम लीग को यह योजना मंजूर नहीं है।

*( प्रतिवादी अधिवक्ता जज को डॉक्यूमेंट पेश करता है )*

महात्मा गाँधी ने आख़िरकार स्पष्ट शब्दों में कहा–अंग्रेज़ जिन्ना को प्रधानमन्त्री बनाकर चले जायें पर माउण्टबेटन तथा उसकी बातों से प्रभावित कांग्रेसियों को यह बात अव्यावहारिक लगी फिर भी महात्मा गाँधी ने जिन्ना से कहा–'आप एक टुकड़े क्या पूरे अखण्ड देश को सँभालिए और अपनी इच्छा अनुसार मन्त्रिमण्डल बनाइए तथा पाकिस्तान की माँग छोड़ दीजिए।'' महात्मा गाँधी जिन्ना से देश का विभाजन न करने की विनती कर रहे थे।

वादी अधिवक्ता–माननीया, क्या गाँधी जी का इस तरह जिन्ना को सब कुछ सौंप देना मुस्लिमों की खुशामद करने जैसा नहीं लगता? क्या एक पक्ष को इस तरह ख़ुश करना सत्य का रास्ता है?

प्रतिवादी–अधिवक्ता माननीया, बच्चा किसको मिले, इसके लिए उसे काट कर दो हिस्से में करने का जब न्यायालय आदेश देता है तो असली माँ कहती है हमें बच्चा नहीं चाहिए। बस महात्मा गाँधी यही कर रहे थे। हर क़ीमत पर भारत की अखण्डता को बरकरार रखना चाहते थे।

माननीया, ऐसी धारणा सिर्फ़ महात्मा गाँधी की ही नहीं थी स्वामी विवेकानन्द का भी मानना था, "आपसी झगड़े हमें अत्यधिक दुर्बल बना देंगे। जन्म के कारण मिलने वाले विशेषाधिकार के दिन अब बीत गये। भारत पर मुस्लिमों की विजय ग़रीबों और दलितों की उन्नति का कारण बना। इसीलिए हम में से बीस प्रतिशत लोग मुसलमान बन गये। यह केवल

तलवार से ही सम्भव नहीं हुआ। तलवार, बन्दूक से यह हुआ ऐसा समझना निरा पागलपन होगा।'' क्या यह वक्तव्य स्वामी जी को मुस्लिम परस्त बनाता है? या जिस सत्य को उन्होंने समझा है उसे सामने रखा है।

*( प्रतिवादी अधिवक्ता डॉक्यूमेंट जज को पेश करता है )*

माननीया, लखनऊ समझौते के अवसर पर तिलक महाराज ने कहा था–''हमें विदेशी शासन से लड़ना है। इस लड़ाई में सफलता प्राप्त करनी हो तो आपस के झगड़े किसी तरह निपटाने होंगे। ऐसा करते हुए मुस्लिमों को अधिक अधिकार मिलें या अंग्रेज़ मुस्लिमों के हाथों या भारत के किसी भी जाति को सारा राज दे दें, तब भी हमें दुविधा में नहीं पड़ना चाहिए। भारत से ब्रिटिश सत्ता नष्ट हो इसी दृष्टि से हमने लखनऊ समझौता किया है।''

माननीया, विभाजन के बाद जब हिन्दुत्ववादियों ने विभाजन के विपक्ष में बोलना प्रारम्भ किया तो लोहिया ने उसका क्या जवाब दिया था कृपया उनके वक्तव्य पर ग़ौर फरमायें। ''हिन्दुत्ववादियों की कट्टरता भी विभाजन का एक कारण थी। विभाजन के पश्चात! उसके विरोध में आवाज़ उठाना यह बात ख़ून करने के बाद ख़ूनी मनुष्य का यह कहना कि मुझे ख़ून मंज़ूर नहीं है, इसी तरह की बात हुई।''

*( प्रतिवादी अधिवक्ता डॉक्यूमेंट पेश करता है)*

वादी अधिवक्ता–माननीया, हर मुश्किल के समाधान के लिए महात्मा गाँधी ने अनशन किया तो फिर बँटवारे के विरोध में अनशन क्यों नहीं किया? वादी अधिवक्ता मुस्कुराता है।

प्रतिवादी अधिवक्ता–माननीया, मेरे क़ाबिल मित्र इतने गम्भीर यंत्रणा की चर्चा पर कैसे मुस्कुरा रहे हैं, मैं हैरत में हूँ। मैं तो उस मंजर की कल्पना से अब भी काँप जाता हूँ। महात्मा गाँधी की विभाजन के समय क्या हालत थी उन्हीं के शब्दों में प्रस्तुत है–"देश का विभाजन हो यह कल्पना ही कँपा देने वाली है। आज हमारा लक्ष्य होना चाहिए कि शान्तिमय तरीक़े से ऐसा समझौता हो कि अंग्रेज़ यहाँ से चले जायें और देश का विभाजन भी न हो।''

माननीया, महात्मा गाँधी उस समय अंग्रेज़ों को भी स्पष्ट रूप से विभाजन रोकने के लिए अपनी बात को दृढ़ता के साथ रख रहे थे। वे अंग्रेज़ी हुकूमत से अपील कर रहे थे– इस चीज़ को कांग्रेस और लीग के भरोसे छोड़ दीजिए। जिन्ना ने अपनी प्रतिभा और आप अंग्रेज़ों के

सहयोग से एक सशक्त संगठन तैयार कर लिया है, जिसमें सभी तो नहीं लेकिन अधिकांश मुसलमान शामिल हैं। मैं सलाह दूँगा कि आप आजमा कर देखिए अगर आपको लगे कि वे काम पूरा नहीं कर सकते हैं तो फिर कांग्रेस पर भरोसा कीजिए। लेकिन अंग्रेज़ों का क़ब्ज़ा हर हालत में तुरन्त समाप्त होना चाहिए।

माननीया, इस डॉक्यूमेंट से न्यायालय देख सकता है कि महात्मा गाँधी अंग्रेज़ों की इस चाल को कैसे समझ रहे थे। उन्होंने मिस्टर क्रिप्स को खरी–खरी सुनाते हुए कहा था।

*( प्रतिवादी अधिवक्ता डॉक्यूमेंट पेश करता है )*

"मेरे विचार से आप आग से खेल रहे हैं। कभी आप मुस्लिम लीग को पुकारते हैं तो कभी कांग्रेस को। ऐसा करके आप अपने दिन काट रहे हैं। मैंने अक्सर ऐसा कहा है, तीसरे पक्ष की उपस्थिति में हिन्दू–मुस्लिम एकता की आशा नहीं की जा सकती। गुलाम और उनके मालिक दोनों ही अस्वाभाविक स्थिति में हैं। उनका आचार–विचार स्वाभाविक हो ही नहीं सकता।"

माननीया, महात्मा गाँधी उस समय गुहार लगा रहे थे, किसी तरह विभाजन न हो पाये। जब उन्होंने देखा अवाम और नेता भी अब विभाजन के मुद्दे पर स्वतन्त्रता को पीछे धकेलने के लिए तैयार हैं तो फिर उन्होंने एक कोशिश की कि "देश के टुकड़े हों भी तो अंग्रेज़ों द्वारा नहीं होने चाहिए"। माननीया, दरअसल महात्मा गाँधी चाहते थे अखण्ड भारत की आज़ादी को मुस्लिम लीग मान्यता दे दे, विभाजन करना भी हो तो हम लोग आपस में करें, अंग्रेज़ नहीं।

माननीया, महात्मा गाँधी ने जिन्ना से सभी तरीक़े से देश के विभाजन को रोकने की अपील की, लेकिन अपील कारगार नहीं हुई। कृपया उनके शब्दों पर ध्यान देंगे। जिसका लिखित डॉक्यूमेंट पेश है।

"पाकिस्तान के निर्माण में लोगों का कल्याण है, यह विश्वास अगर मुझे किसी ने दिलाया और पाकिस्तान की स्थापना में इस्लाम का हित है यह दिखा दिया तो मैं पाकिस्तान की माँग मंजूर करने के लिए तैयार हूँ। परन्तु मुस्लिम लीग की पाकिस्तान की माँग इस्लाम विरोधी है। वह दुष्टता पूर्ण और अपवित्र माँग है। इस विषय में मेरे मन में सन्देह नहीं है, यह मेरा विश्वास है। इस्लाम की तत्त्व प्रणाली एकता की है, भाई–चारे की है। जो भारत का विभाजन करना चाहते हैं। वे केवल भारत के ही नहीं, अपितु

इस्लाम के भी शत्रु हैं। वे मेरे शरीर का विभाजन कर सकेंगे पर मैं जिस बात को ग़लत मानता हूँ वह बात स्वीकार करने के लिए मुझे बाध्य नहीं कर सकते"।

माननीया, विभाजन के विरोध में इससे बड़ी भूमिका क्या हो सकती हैं?

वादी अधिवक्ता–माननीया, क्या महात्मा गाँधी इसके लिए जनमानस पर दबाव नहीं बना सकते थे? क्या वे अन्य अवसरों की तरह आमरण अनशन नहीं कर सकते थे? क्या यह विभाजन रोकने का कारगर तरीक़ा नहीं होता?

प्रतिवादी अधिवक्ता–माननीया, महात्मा गाँधी जनमानस पर दबाव आमरण अनशन करके कर सकते थे। लेकिन जब हम महात्मा गाँधी के अनशन की विवेकपूर्ण ढंग से विवेचना करते हैं तो यह देखते हैं कि उन्होंने तब ही उपवास या अनशन किया जब उनके अन्तः के स्वामी ने उन्हें प्रेरणा दी। माननीया, दूसरी बात यह कि महात्मा गाँधी ने आम जनता की भावना के विरुद्ध कभी भी दबाव नहीं बनाया। माननीया, सिर्फ़ नेता ही नहीं अवाम में भी अब विभाजन की क़ीमत पर भी स्वतन्त्रता की इच्छा बढ़ती जा रही थी। मैं महात्मा गाँधी की निराशा से भरी हुई बात का एक डॉक्यूमेंट पेश करता हूँ।

*( प्रतिवादी अधिवक्ता डॉक्यूमेट पेश करता है )*

'जब मैंने कहा था कि हिन्दुस्तान के दो भाग नहीं करने चाहिए तो उस वक्त मुझे विश्वास था कि आम जनता की राय मेरे पक्ष में है। लेकिन अब जब आमराय मेरे साथ नहीं तो क्या मुझे अपनी राय ज़बर्दस्ती लोगों के गले मढ़नी चाहिए और इस कारण मुझे पीछे हट कर बैठना चाहिए।"

माननीया, अवाम स्वतन्त्रता को पाने के लिए व्यग्र हो रही थी। तब महात्मा गाँधी क्या करते? उनके इस वक्तव्य से उनकी मंशा समझी जा सकती है–"लोगों को पूरा हक है कि वे अपने मन की बात करें। बहुत आदमियों के बीच मेरे जैसे एक आदमी की राय रोड़ा नहीं बन सकती। मुझे आज भी अपनी पद्धति पर अधिक श्रद्धा है। लेकिन मैं किसके लिए लडूँ जबकि वे सब लोग जिनका मैं अब तक प्रतिनिधित्व करता था और जिनके लिए लड़ता था, उन्हें ही विभाजन स्वीकार है, हो सकता है उनकी मजबूरी हो। पूरा देश मृत्यु और हिंसा का ताण्डव कर रहा है। मैत्री, भाईचारा, शान्ति और प्रेम की अपील से वे खुश नहीं हैं। हिन्दू–मुसलमानों को देश से बाहर खदेड़ देना चाहते हैं। जब पूरी परिस्थिति बदल चुकी

है तब मैं किनके समर्थन से अखण्ड और अविभाजित राष्ट्र की लड़ाई लडूँ? विभाजन का इनकार करना कोई छोटी–मोटी बात नहीं है।''

माननीया, क्या इन वक्तव्यों से यह नहीं पता चलता कि उस समय देश का क्या मिज़ाज था? महात्मा गाँधी ने मोहम्मद जिन्ना के आगे अखण्ड भारत को कांग्रेस की ओर से सौंप दिया लेकिन नतीजा फिर भी कुछ नहीं हुआ।

वादी अधिवक्ता–क्या पटेल और नेहरू का महात्मा गाँधी द्वारा जिन्ना के आगे मुस्लिम लीग को अपनी तरफ़ से हिन्दुस्तान चलाने की अपील करने का समर्थन था? क्या पटेल और नेहरू गाँधी जी से इस बात के लिए सहमत थे कि कांग्रेस मुस्लिम लीग की हर बात से सहमत होगी?

प्रतिवादी अधिवक्ता–माननीया, मन से सहमत थे या नहीं यह बात तो उन नेताओं को ही पता, परन्तु इतना सत्य है कि उन लोगों ने उस नौ सूत्री प्लान का विरोध नहीं किया था। किन्तु यह सही है कि 10 जुलाई, 1946 को कांग्रेस के अध्यक्ष जवाहरलाल नेहरू ने मुम्बई पत्रकार परिषद में पत्रकारों के उत्तर में कहा कि राष्ट्रीय परिषद में कांग्रेस का प्रवेश किसी करार से बँधा हुआ नहीं रहेगा, प्रसंगानुसार नीति निर्धारण की आज़ादी कांग्रेस को रहेगी। जिन्ना ने इस बात पर एक प्रस्ताव पारित कर दिया–कांग्रेस ने कैबिनेट मिशन योजना को स्वीकृति दी है और हिन्दुस्तान का आगामी संविधान उसी के आधार पर बनेगा। ऐसा मानकर लीग ने इसका यह अर्थ लगाया है कि अल्पमत वालों का भविष्य पूर्णतया बहुमत वालों की मर्जी पर रहेगा। और इसके तुरन्त बाद जिन्ना ने वायसराय को पत्र लिखा कि वे लीग को मन्त्रिमण्डल बनाने के लिए निमन्त्रित करें। लेकिन इस पत्र के लिखने के बाद भी जिन्ना को धैर्य नहीं रहा। उन्होंने 17 जुलाई को अपने भाषण में घोषणा कर दी। पाकिस्तान की माँग फिर से करने के सिवाय कोई रास्ता अब लीग के सामने नहीं है।

माननीया, इसके बाद जिन्ना ने पाकिस्तान प्राप्ति के लिए सीधी कार्यवाही करने का निर्णय ले लिया। कांग्रेस कार्यकारिणी तुरन्त एक प्रस्ताव लायी कि मुस्लिम लीग ने संविधान सभा के साथ असहयोग का जो निर्णय लिया है वह हमारे लिए दुखद है। विदेशी सत्ता का त्याग और स्वालम्बन का यह समय है। ऐसे समय में अत्यन्त कठिन दौर हमारे सामने है। कांग्रेस और लीग की वृति और उद्देश्य में भी काफ़ी भेद है, फिर भी देशहित को देखते हुए तथा हिन्दुस्तान की जनता की आज़ादी के लिए कार्यकारिणी अनुरोध

करती है। कुछ मुद्दों पर विसंगतियाँ हैं, परन्तु हमने कुल मिलाकर योजना स्वीकार की है। कृपया संविधान सभा में मिलकर काम करें।

माननीया, परन्तु जिन्ना नहीं माने, क्योंकि उन्हें मानना ही नहीं था। आपने इन **सारे** प्रकरणों में देखा है कि किस तरह महात्मा गाँधी जिन्ना को अखण्ड भारत की सत्ता सौंप कर भी विभाजन को रोकना चाहते थे।

माननीया, लॉर्ड वेवेल के बारे में आम राय थी कि वे मुस्लिम लीग का पक्षपात करते हैं किन्तु जब जिन्ना ने सीधी कार्रवाई (डायरेक्ट एक्शन) वाला कलुषित और भयानक प्रस्ताव पास कर भारत की एकता को छुरेबाजी के हवाले कर दिया तो वेवेल ने पण्डित नेहरू से बात की।

लीग ने सीधी कार्यवाही के लिए 16 अगस्त की तिथि निश्चित की थी और उसी दिन प्रातःकाल पण्डित नेहरू मुम्बई में जिन्ना के घर गये और जिन्ना को उन्होंने बहुत समझाया कि सीधी कार्यवाही की बात भूल जाइए और लीग के प्रतिनिधियों को अन्तरिम सरकार में आने दीजिए। किन्तु जिन्ना जैसे हर समय अडिग रहे थे उसी प्रकार इस बार भी अडिग रहे। पण्डित नेहरू को उन्होंने स्पष्ट रूप में 'नहीं' कह दिया। माननीया, सीधी कार्रवाई के प्रस्ताव के बाद खुद जिन्ना ने कहा था आज से हम वैधानिक आन्दोलन से विदा ले रहे हैं। आज हमने एक पिस्तौल तैयार की है और हम इस हालत में भी हैं कि उसे चला सकें।

माननीया, सीधी कार्यवाही के द्वारा देश को दहलाना उद्देश्य था तो इस उद्देश्य में जिन्ना बिल्कुल सफल हो गये। सीधी कार्यवाही के द्वारा देश को दहलाने के उद्देश्य में जिन्ना शत–प्रतिशत सफल हो गये और आम लोगों के मुँह से यह आवाज़ उठने लगी कि अगर एकता का अर्थ अराजकता और रक्तपात है तो फिर देश का विभाजन ही श्रेष्ठ है।

माननीया, महाभारत के युद्ध को टालने के लिए भगवान श्रीकृष्ण ने दुर्योधन के सामने प्रस्ताव रखा कि सिर्फ़ पाँच गाँव पाण्डवों को दे दो, परन्तु उसे इतना भी स्वीकार नहीं था। वैसे ही गाँधी ने जिन्ना के सामने देश का विभाजन ना होने देने के लिए अपने अस्तित्व को भी समाप्त करने को तैयार कर लिया। पर वही हुआ जो महाभारत के समय हुआ था। श्रीकृष्ण के लाख प्रयत्न करने के बावजूद महाभारत नहीं टला वैसे ही विभाजन नहीं टल पाया।

वादी अधिवक्ता–माननीया, कांग्रेस ने विभाजन की स्वीकृति दी ऐसा

तो स्वयं गाँधी जी ने ही कहा है तो क्या हम यह मानें कि कांग्रेस विभाजन के लिए ज़िम्मेदार थी।

प्रतिवादी अधिवक्ता–माननीया, मुस्लिम लीग हिन्दुओं के साथ नहीं रहना चाहती थी और हिन्दुत्ववादी हिन्दू महासभा मुस्लिमों के साथ नहीं रहना चाहती थी और कांग्रेस हिन्दू–मुस्लिम में एकता चाहती थी, दोनों को साथ लेकर चलना चाहती थी तो क्या इतनी स्पष्ट बात जो एक छोटा बच्चा समझ सकता है, हमारे क़ाबिल मित्र नहीं समझ पा रहे हैं?

माननीया, महाभारत युद्ध के बदले पाँच गाँव लेकर सन्तोष करने वाला पाण्डव यदि दोषी है तभी कांग्रेस को भी दोषी माना जायेगा। जब सत्ता का हस्तान्तरण करने वाला विभाजन चाह रहा था, जब हिन्दू और मुस्लिम के बीच दोनों धर्मों के कट्टर नेताओं ने नफ़रत की ऐसी आँधी फैला दी, जिसमें लोग एक दूसरे को मारने और काटने पर उतारू होंये विभाजन किये बिना कोई शान्ति नहीं, जब ऐसा माहौल बन गया तो कांग्रेस के पास क्या विकल्प बचा था?

माननीया, डॉ. राजेन्द्र प्रसाद ने विभाजन के सम्बन्ध में लिखा है।

*( प्रतिवादी अधिवक्ता लिखित डॉक्यूमेंट पेश करता है )*

महात्मा गाँधी विभाजन के प्रखर विरोधी थे। कांग्रेस के हिन्दू मुस्लिम आदि सभी नेता विभाजन के विरोधी थे। परन्तु अन्तरिम सरकार के बाद सारा चित्र ही बदल गया। मुस्लिम लीग के मन्त्रियों ने कांग्रेस के मन्त्रियों से असहयोग करना शुरू कर दिया। कुछ हिस्से में दंगे प्रारम्भ हो चुके थे ऐसी परिस्थिति में भी महात्मा गाँधी अखण्ड हिन्दुस्तान के ही आग्रही थे।

वादी अधिवक्ता–माननीया, मुस्लिम लीग के मन्त्रियों ने कांग्रेसी मन्त्रियों से असहयोग किया इसके कारण ही काँग्रेसियों ने विभाजन को स्वीकार किया? क्या बता सकते हैं कि मुस्लिम लीग के मंत्री काँग्रेसी मंत्रियों को किस तरह असहयोग कर रहे थे?

प्रतिवादी अधिवक्ता–माननीया, मौलाना अबुल कलाम आज़ाद ने लिखा है– अन्तरिम सरकार में लॉर्ड वेवेल ने पटेल को वित्त मन्त्रालय और लियाक़त अली को गृह विभाग देने का सुझाव दिया था, किन्तु पटेल गृह मन्त्रालय को अधिक महत्त्वपूर्ण मानकर गृहमंत्री बने। लियाकत अली के वित्तमंत्री बनने के बाद गृहमंत्री पटेल के लिए एक सिपाही तक की नियुक्ति करना भी कठिन हो गया। सरदार पटेल काफ़ी मुश्किल में पड़ गये। एक

सिपाही तक के वेतन के लिए पटेल को लियाक़त अली से कहना पड़ता था और लियाक़त अली उनकी अवहेलना किया करते थे।

माननीया, लॉर्ड माउण्टबेटन को सरदार पटेल की इस परेशानी का अन्दाज़ा था इसीलिए उन्होंने पहले सरदार पटेल से राय ली, तत्पश्चात् नेहरू के सामने विभाजन की योजना रखी और कहा कि पटेल ने विभाजन को मंजूरी दे दी है, इसके बाद नेहरू के विरोध की प्रखरता कम होती गयी। पटेल के पास विभाजन स्वीकार करने के सिवा और कोई विकल्प नहीं था। पटेल की समझ में यह बात बैठ गयी थी कि मुस्लिम लीग के साथ काम नहीं किया जा सकता है और यह सरकार न चली तो आज़ादी नहीं मिल सकती है। इस स्थिति की अपेक्षा भारत के विभाजन को मंजूरी देकर पहले भारत की आज़ादी हासिल की जाये।

वादी अधिवक्ता–माननीया, इसका एक मतलब तो साफ़ है कि सरदार पटेल और जवाहरलाल नेहरू ने विभाजन को स्वीकार किया। शायद दोनों की उम्र ढल रही थी इसलिए हाथ से सत्ता जाने का डर रहा होगा।

प्रतिवादी अधिवक्ता–माननीया, सरदार पटेल और जवाहरलाल नेहरू को सत्ता का लोभ था इसीलिए विभाजन की मंजूरी दी ऐसा कहना उनके प्रति अन्याय होगा। कांग्रेस और मुस्लिम लीग दोनों सत्ता में रहे तो एक–दूसरे को परास्त करने की ताक में रहेंगे। सरकार का कामकाज ही ठप हो जायेगा। सरदार पटेल द्वारा विभाजन को दी गयी स्वीकृति असहाय मानसिकता, परिस्थितिवश या हताशा एवं नैराश्य का फल मानना अधिक उचित होगा। सरदार पटेल ने विभाजन की स्वीकृति दी है, यह पता चलने के बाद नेहरू जी ने स्वीकृति दी। सत्ता हासिल करने के लिए दोनों नेताओं ने विभाजन को मंजूरी दी यह निष्कर्ष निकालना इन कारणों को देखते हुए अनुचित लगता है।

माननीया, सरदार पटेल की दलील थी कि लीग ने जिस तरह की परिस्थिति पैदा कर दी है, उसमें हिन्दुस्तान में एक साथ काम करना भी मुश्किल हो जायेगा। पाकिस्तान बन जाने के बाद जिन्ना हिन्दुस्तान की प्रगति की लगाम थामने की स्थिति में नहीं रहेगा।

सरदार पटेल ने स्वयं इन बातों पर प्रकाश डालते हुए नवम्बर 1947 में राज्य के प्रतिनिधियों के सामने नागपुर में कहा है–"मुझे तो उसी समय इस बात का पूरी तरह भान हुआ कि हमारे हितों को पॉलिटिकल डिपार्टमेंट की चालबाज़ियों से हर तरह किस हद तक नुकसान पहुँचाया जा रहा है,

और मैं इस नतीजे पर पहुँचा कि इन लोगों से जितनी जल्दी हमारा पिण्ड छूटे उतना ही अच्छा है। मैं इस परिणाम पर पहुँचा कि देश के विभाजन का ख़तरा उठाकर भी इन विदेशियों को जल्दी से जल्दी भारत से हटाना ही इसका एक उत्तम मार्ग है। उसी समय मुझे यह भी लगा कि देश को सुरक्षित और सबल बनाने का एक ही उपाय है और वह है शेष भारत को एकता के सूत्र में बाँध देना।

*( प्रतिवादी अधिवक्ता ने डॉक्यूमेंट पेश किया )*

माननीया, 25 नवम्बर, 1948 को बनारस हिन्दू विश्वविद्यालय में दिये गये भाषण में उन्होंने फिर इसी बात को दुहराया–''मुझे लगा कि अगर हम भारत का विभाजन स्वीकार नहीं करेंगे, तो भारत के अनेक टुकड़े हो जायेंगे और वह पूरी तरह नष्ट हो जायेगा। मन्त्रीपद के मेरे एक साल के अनुभव ने मुझे इसका दृढ विश्वास करा दिया था कि जिस ढंग से हम आगे बढ़ रहे हैं, वह हमें सर्वनाश की ओर ले जायेगा। फिर तो हमें एक नहीं, अनेक पाकिस्तान देने होंगे। हर सरकारी दफ़्तर में छोटा–सा पाकिस्तानी केन्द्र खड़ा हो जायेगा।''

प्रतिवादी अधिवक्ता ने डॉक्यूमेंट पेश करते हुए कहा–माननीया, सरदार की एक बात रखना चाहता हूँ, संविधान सभा में नवम्बर 1949 में इस पर तफ़सील से अपनी बात रखते हुए कहा–आपने देख लिया कि पंजाब में क्या हो रहा है। जिन पाँच ज़िलों में विनाशलीला चल रही थी, उनमें पाँच अंग्रेज़ अफ़सरों के हाथ में सत्ता थी और वहाँ कुछ नहीं किया जा सकता था, मैंने गुड़गाँव के ज़िला मजिस्ट्रेट का तबादला कराने की कोशिश की, लेकिन मुझे सफलता नहीं मिली और वहाँ के अंग्रेज़ अफ़सर ने ऐसे प्रमुख कांग्रेसियों को गिरफ़्तार करके जेल में डाल दिया, जिनका कोई अपराध नहीं था।

मैंने अन्तिम उपाय के रूप में विभाजन को स्वीकार किया, उस समय हम ऐसी हालत में पहुँच गये थे कि उसे स्वीकार न करते तो सब कुछ हमारे हाथ से निकल जाता। सरकार में पाँच–छह सदस्य मुस्लिम लीग के थे जो विभाजन कराने के लिए ही सरकार में आये थे। हमने ऐसी नौबत आने पर पाकिस्तान को स्वीकार किया। हमने निश्चय किया कि पाकिस्तान इस शर्त पर स्वीकार किया जा सकता है कि पंजाब का विभाजन हो...., बंगाल का विभाजन हो। जिन्ना कटा–फटा विकलांग पाकिस्तान नहीं चाहते थे, परन्तु उन्हें लाचार होकर उसे स्वीकार करना पड़ा।

माननीया, प.नेहरु सनकी की भाषा में कह रहे थे। सिर काटकर, सिर दर्द से निजात पाने की कोशिश की है।

माननीया, दरअसल सीधी कार्यवाही करके जिन्ना ने इन नेताओं के पास कोई विकल्प ही नहीं छोड़ा था। सीधी कार्यवाही के द्वारा देश को दहलाने के उद्देश्य में जिन्ना बिल्कुल सफल हो गये थे और आम लोगों की आवाज़ आने लगी थी कि विभाजन हो जाना ही अब श्रेष्ठ है।

माननीया, महात्मा गाँधी उस समय भी गुहार लगा रहे थे। किसी को यह कहने का अधिकार नहीं है कि हिन्दुस्तान जो टुकड़ों में बाँटा जा रहा है इसके पीछे आज गाँधी का हाथ है। लेकिन आज हर आदमी आज़ादी के लिए अधीर हो रहा है। कांग्रेस ने देश के विभाजन को स्वीकार करने का व्यवहारतः निश्चय कर लिया है। इस नयी योजना के रूप में लोगों को काठ की एक रोटी दी जा रही है अगर इस रोटी को वे खायेगे तो दर्द से मरेंगे अगर नहीं खायेगे तो भूखे मरेंगे।

माननीया, बापू की भविष्यवाणी सच हो गयी काठ की रोटी खाकर दर्द से केवल हिन्दुस्तान ही नहीं, पाकिस्तान भी परेशान है।

माननीया, दरअसल उस समय की परिस्थितियाँ आपसी नफ़रत को फैलाने के कारण बद से बदतर हो गयी थीं। कल तक भाई–भाई की तरह साथ रहने वाले हिन्दू और मुसलमान दोनों एक–दूसरे की जान के दुश्मन हो रहे थे। कट्टरवादी विचारधारा ने इतनी सड़ांध फैला दी थी कि हवा में ही नफ़रत और हिंसा घुल गयी थी।

माननीया, महात्मा गाँधी तो विभाजन के बाद भी रफ्फुगरी के कार्य में लगे हुए थे। वे गुहार लगा रहे थे–भौगोलिक विभाजन का मतलब दिलों का विभाजन नहीं होगा। यदि ब्रिटेन और भारत मित्र बने रह सकते हैं तो भारत और पाकिस्तान क्यों नहीं?

माननीया, परन्तु महात्मा गाँधी का सपना आज तक पूरा नहीं हो पाया। नफ़रत और अंग्रेज़ों के द्वारा किये गये बन्दर बाँट ने दिलों में इतने जख़्म भर दिए कि आज भी एक जंग चालू है। महात्मा गाँधी हत्यारे की गोली के शिकार नहीं होते तो पाकिस्तान जाने की तैयारी में थे। वे ख़ान अब्दुल गफ़्फ़ार ख़ान से मिलने तथा पाकिस्तान के अल्पसंख्यकों से जिन्ना ने जो वादा किया था उसका अमल हो रहा है या नहीं, उसे प्रत्यक्ष देखने के लिए बिना वीजा पाकिस्तान जाने की तैयारी कर रहे थे। माननीया, न्यायालय के सामने मैंने उस सत्य को रखा है जो स्फ़टिक की तरह स्वच्छ

है और सारी दुनिया को पता है। यह कैसा आरोप है कि मर्डर करने वाले के हाथ में ख़ंजर है फिर भी वह बचाने वाले को ही क़ातिल बताकर शोर मचाने लग रहा है।

माननीया, एक–दूसरे से नफ़रत करने वाले लोग और द्विराष्ट्र और अलग देश की बात करने वाले लोगों ने कैसे यह अफ़वाह फैलायी और सबसे अधिक आश्चर्य यह है कि कुछ भोले–भाले और मुट्ठी भर पूर्वाग्रही लोगों ने कैसे इस पर विश्वास कर लिया?

माननीया, क्या चर्चिल ने सही कहा था कि भारतीयों से बड़ी कोई कृतघ्न कौम नहीं? क्या कुछ भारतवासी ही सहस्राब्दी के सबसे महान् भारतीय के ऊपर ऐसे अनर्गल आरोप लगाकर चर्चिल की बातों को आज भी सही साबित नहीं कर रहे हैं?

माननीया, क्या कहूँ कि न्याय करें। आज तो शर्मिन्दा हूँ। शायद पूरे विश्व में ऐसा कोई देश नहीं जिसने अपने देश के सबसे बड़े महामानव पर ऐसे घिनौने आरोप लगाये हों। दैट्स ऑल माननीया।

वादी अधिवक्ता– माननीया, निर्णय की प्रतीक्षा में हूँ।

जज–कल तक के लिए न्यायालय को स्थगित किया जाता है।

## दृश्य दो

जज–दोनों पक्षों के आरोप और प्रत्यारोप सुनने के बाद न्यायालय इस निष्कर्ष पर पहुँचा है कि लोगों में इस तरह की भ्रान्तियाँ बन गयी थीं कि महात्मा गाँधी चाहेंगे तो विभाजन नहीं होगा। उस समय भारत देश में महात्मा गाँधी को लेकर आम जनता में तरह–तरह की चमत्कारिक बातें प्रचलित थीं। गाँव की अनपढ़ जनता से लेकर शिक्षित व्यक्तियों में यह विश्वास फैल गया था कि महात्मा गाँधी जो चाहेंगे वह होकर रहेगा। भोली भाली जनता को यह भी लगता था कि महात्मा गाँधी एक साथ कई रूपों में प्रकट हो सकते हैं। उन्हें दुनिया की कोई जेल बन्द नहीं कर सकती। जिस महापुरुष पर जनता का विश्वास बन जाता है उसके बाद यदि कोई ऐसी घटना घट जाती है तो कुछ चालाक लोग इस विश्वास का लाभ उठाकर उस महापुरुष को कटघरे में खड़े कर देते हैं। आज इस समय मुझे श्रीकृष्ण का ध्यान आ रहा है। महाभारत में शान्तिदूत बनकर जाने वाले श्रीकृष्ण ने, पाण्डवों के लिए सिर्फ़ पाँच ग्राम लेकर ही युद्ध को टालने का भरसक प्रयत्न किया था। फिर भी गांधारी उन्हीं को श्रॉप देती है, क्योंकि उसे लगता है

श्रीकृष्ण चाहते तो महाभारत युद्ध नहीं होता।

आश्चर्य है, गांधारी यह नहीं सोचती है कि उसके पुत्रों के दुष्कर्म इसके लिए उत्तरदायी हैं। गांधारी यह नहीं सोचती कि उसके पति और पुत्र का अति महत्वाकांक्षी होना इस युद्ध का कारण बना। गांधारी यह नहीं सोचती कि उसने अपने पुत्रों की सही परवरिश नहीं की, उनमें अच्छे संस्कार नहीं भरे। गांधारी सोचती है उसके पुत्र लाख ग़लत काम करते रहते, लाख अत्याचार करते रहते परन्तु श्रीकृष्ण का कर्तव्य था महाभारत युद्ध को रोकना।

न्यायालय भी विभाजन की पूरी घटना को इसी परिदृश्य में देख रहा है। जिसमें सत्ता ने वर्षों से साम्प्रदायिकता के विषैले बीज़ का रोपण किया और खाद के रूप में दोनों धर्मों की कट्टरवादिता से उसका सिंचन किया। साम्प्रदायिकता का यह विषैला दानव इतना ताक़तवर हो गया कि उसने पूरी मानवता को शर्मसार कर दिया। गांधारी की तरह जो ताक़तें महात्मा गाँधी पर विभाजन न रोकने का आरोप लगाती हैं वे वही ताक़ते हैं जो साम्प्रदायिक जुनून बढ़ाने मे अपनी पूरी शक्ति झोंके हुए थीं। जिस समय महात्मा गाँधी–हिन्दू मुस्लिम में एकता के लिए, आपसी सौहार्द के लिए, सर्वधर्म समभाव के लिए जान की बाजी लगाये हुए थे। ठीक उसी समय वही ताक़तें महात्मा गाँधी की जान लेने के लिए षड्यन्त्र रच रही थीं। ठीक उसी तरह जैसे दुर्योधन शान्ति दूत श्रीकृष्ण को बन्दी बनाकर मारने का षड्यन्त्र कर रहा था।

आज न्यायालय को भी आरोप लगाने वाले पर आश्चर्य हो रहा है। वह विभाजन के बीज बोने वाले अंग्रेज़ों पर आरोप नहीं लगाता। डायरेक्ट एक्शन का नारा देकर दंगे का आदेश देने वाले जिन्ना पर आरोप नहीं लगाता। हिन्दू–मुस्लिम द्विराष्ट्र कहने वाले सावरकर पर भी आरोप नहीं लगाता। यानी उन ताक़तों पर आरोप नहीं लगाता जो सचमुच विभाजन के ज़िम्मेवार हैं।

वे लोग यह मानते थे कि यहाँ मुसलमानों को दोयम दर्जे का नागरिक बनकर रहना चाहिए। कट्टर हिन्दू और मुसलमान दोनों एक–दूसरे से इतनी घृणा करने लगे थे कि एक–दूसरे को मूली गाजर कि तरह काट रहे थे। मुस्लिम कट्टरवादियों को हिन्दुओं के साथ रहने में खतरा दिखायी पड़ रहा था, कमोवेश यही मानसिकता कट्टर हिन्दुओं की भी थी।

फ्रीडम एट मिडनाइट के लेखक डोमिनि लेपायर ने महात्मा गाँधी के

लिए त्रिकालदर्शी शब्द का प्रयोग किया है, ऐसा महामानव जिन्हें प्राचीन भारतीयों की तरह आने वाली हर घटना का पूर्वाभास हो जाता था। न्यायालय इस बात को स्पष्ट देख रहा है कि महात्मा गाँधी आजीवन हिन्दू मुस्लिम एकता के लिए प्रयत्नशील रहे थे। 1946 और 47 में उनके जो भी उपवास या अनशन हुए वे हिन्दू मुस्लिम भाई चारे को बढ़ाने के लिए ही हुए थे। भाई चारा मज़बूत हो, दिल जुड़े तो विभाजन की बात टल सकती है, एक सत्याग्रही इसके अलावा और क्या सोच सकता था?

उस समय जिन नेताओं को यह लगता था कि महात्मा गाँधी को अनशन करना चाहिए था उन नेताओं ने स्वयं अनशन क्यों नहीं किया? यदि उनका उत्तर यह है कि उनका अनशन आम जनता को स्पर्श नहीं कर पाता तो उन्हें महात्मा गाँधी को दिशा निर्देश देने का अधिकार किसने दे दिया? और आज उनके अनुयायियों को मनगढ़न्त आरोप लगाने का अधिकार किसने दे दिया?

जहाँ तक न्यायालय समझता है जब भाई–भाई में ईर्ष्या, अविश्वास और दुश्मनी हिंसा के स्तर पर पहुँच जाती है तो बँटवारे की स्थिति बन ही जाती है।

न्यायालय अपना निर्णय सुनाता है कि विघटनकारी तत्त्व और साम्प्रदायिक ताक़तें विभाजन के लिए दोषी हैं। अंग्रेज़ी हुकूमत ने इस विष बीज का रोपण किया। इस बात को न्यायालय समझती है जब साम्प्रदायिकता की आग जल उठी, भाई–भाई ख़ून के प्यासे हो गये। मुस्लिम लीग किसी भी क़ीमत पर पाकिस्तान चाहती थी। कट्टर हिन्दूवादियों में भी मुस्लिमों के साथ नफ़रत बढ़ती जा रही थी। ऐसे समय में कांग्रेस के पास विभाजन स्वीकार करने के सिवा क्या विकल्प बचा था।

न्यायालय आज भी इस मुक़दमे की जजमेंट सुनाते हुई अवाम को एक सन्देश देना चाहती है–देश की सच्ची सेवा प्रेम फैलाकर ही हो सकती है नफ़रत से कदापि नहीं। नफ़रत और विघटनकारी तत्त्वों ने हमेशा मनुष्य, समाज और देश को दीमक की तरह अन्दर ही अन्दर कुतरकर तोड़ने का ही षड्यन्त्र रचा है।

# खण्ड सात

## दृश्य एक

जज–आज की कारवाई शुभारम्भ की जाए।

वादी अधिवक्ता–माननीया, भले ही ये सारी बातें इतिहास की हैं, पर इतिहास हमारे जीवन का एक अंग है। इसीलिए इन बातों पर न्यायालय का ध्यानाकर्षण करना चाहता हूँ। माननीया, कृपया गौर फरमायें। देश के बँटवारे के बाद गाँधीजी ने पाकिस्तान को 55 करोड़ रुपए देने के लिए न सिर्फ़ आमरण अनशन किया, बल्कि पाकिस्तान को पैसे मिलने के बाद ही अनशन तोड़ा।

माननीया, भारत का दुर्भाग्य है कि इन्हीं पैसों से पाकिस्तान ने अस्त्र–शस्त्र ख़रीदकर भारत पर आक्रमण किया। क्या यह अनशन करना कहीं से उचित था?

प्रतिवादी अधिवक्ता–माननीया, इतिहास एक दिन में नहीं बनता और आधुनिक भारत के इतिहास का मतलब महात्मा गाँधी है। मेरे मित्र भारतीय इतिहास के उस नायक को कलंकित कालिमास्नात करने का प्रयत्न कर रहे हैं जिसके उजाले से विश्व आलोकित हो सकता है और हो रहा है।

माननीया, फिर भी जहाँ तक मेरी जानकारी है, मैं सत्य के ऊपर पड़े इन भ्रमजालों को समाप्त करने के लिए साक्ष्यों के साथ प्रस्तुत हूँ।

माननीया, विभाजन की त्रासदी और दंगे की मार से कराहती हमारी भारतमाता की आत्मा रो रही थी। माननीया, दो भाइयों का बँटवारा हो जाने के बाद भी घायल भारत माँ अपने दोनों पुत्रों हिन्दू और मुसलमानों में क्या परस्पर प्रेम और भाईचारे की आशा में टूटी साँसें नहीं गिन रही होगी? भारत माँ की टूटे साँसों को वापस लाने के लिए ही उनके महान सपूत महात्मा गाँधी अपने जीवन का बलिदान दे रहे थे।

माननीया, महात्मा गाँधी भारत माँ की साँसों को लौटाने के लिए, उनके दोनों पुत्रों में भाईचारा बना रहे इसके लिए आमरण अनशन कर रहे थे। कैसे भाईचारा क़ायम हो? कैसे मारकाट मचाते इस दंगे के चलते सड़ांध फैलते देश में हृदय की पुकार सुनकर सुगन्ध फैलाने का काम हो?

माननीया, मेरे क़ाबिल मित्र ने पचपन करोड़ रूपये पाकिस्तान को देने के लिए महात्मा गाँधी के आमरण अनशन का आरोप लगाया है। वह बिल्कुल निराधार है।

वादी अधिवक्ता–तो सही क्या है? आप ही प्रकाश डालें।

प्रतिवादी अधिवक्ता–वही कर रहा हूँ मित्र, देश के विभाजन के बाद अंग्रेज़ी सरकार की मध्यस्थता में देश की सारी चल और अचल सम्पत्ति का भारत और पाकिस्तान के बीच विभाजन हुआ था। टेबल कुर्सी से लेकर देश की धरती का बँटवारा हुआ था। भारत की सेना, सम्पत्ति और स्थाई कोष का भी बँटवारा किया गया था।

माननीया, सब कुछ वैसा ही था जैसा दो भाइयों के बीच जब आपस में तनाव और नफ़रत के बाद बँटवारा होता है। दुर्भाग्य से बँटवारा नहीं टाला जा सका और उसके बाद सम्पत्ति और धन–दौलत का बँटवारा हो गया।

माननीया, उस समय भारत के मुद्राकोष में तीन सौ पचहत्तर करोड़ रुपये थे, जिनका बँटवारा किया गया। जिसमें भारत के हिस्से में तीन सौ करोड़ रुपये आये और पाकिस्तान को मिले पचहत्तर करोड़ जिसमें बीस करोड़ रुपये बँटवारे के साथ ही तत्काल दे दिये गये और पचपन करोड़ देने हैं, यह दोनों देशों में समझौता हुआ। दिसम्बर 1947 के अनुसार भारत के द्वारा यह पैसा निश्चित समय के भीतर देने का लिखित आश्वासन पाकिस्तान को दिया गया।

माननीया, इसी बीच पाकिस्तान ने घुसपैठियों द्वारा कश्मीर पर हमला कर दिया। प्रधानमन्त्री जवाहरलाल नेहरू और सरदार पटेल के द्वारा यह कहा गया कि जब तक कश्मीर की समस्या का समाधान नहीं हो जाता तब तक पाकिस्तान को पैसे नहीं दिये जायेंगे।

माननीया, 2 जनवरी, 1948 को पत्रकार परिषद में नेहरू जी ने कहा था–ऐसी हालत में किसी भी देश ने यह रकम देना अस्वीकार किया होता पर हम अस्वीकार नहीं कर रहे हैं। पाकिस्तान को पैसे देने का समझौता हमने किया है परन्तु अन्य प्रश्नों पर समझौता होने पर यह रकम हम

पाकिस्तान को देने के लिए तैयार हैं। सरदार पटेल भी पचपन करोड़ रुपये पाकिस्तान को देने के पक्ष में नहीं थे।

वादी अधिवक्ता–माननीया, जैसा कि मेरे क़ाबिल मित्र स्वयं स्वीकार कर रहे हैं कि नेहरू और पटेल दोनों ही पचपन करोड़ देने के पक्ष में नहीं थे, फिर महात्मा गाँधी ने उसके लिए आमरण अनशन क्यों किया?

प्रतिवादी अधिवक्ता–माननीया, मैं एक बार फिर यह स्पष्ट कर रहा हूँ कि महात्मा गाँधी ने पचपन करोड़ देने के लिए कोई अनशन नहीं किया।

माननीया, विभाजन के बाद भारत और पाकिस्तान दोनों ही अब सम्प्रभुता सम्पन्न देश बन चुके थे। आज़ाद भारत का किसी देश के साथ यह पहला समझौता था और पहले समझौते का ही पालन नहीं करने से पूरी दुनिया में भारत की अप्रतिष्ठा होती यही सोचकर महात्मा गाँधी ने इन बातों पर ग़ौर किया। लॉर्ड माउण्टबेटन से महात्मा गाँधी की मुलाक़ात में माउण्टबेटन ने उनसे कहा–''समझौते के अनुसार पाकिस्तान को पचपन करोड़ न दिये तो समझौते का पालन ना करने वाले राष्ट्र की छवि भारत की पूरी दुनिया में बनेगी। फलतः अन्य राष्ट्र भारत से कोई व्यवहार करने में हिचकिचायेंगे। वे भारत पर विश्वास नहीं करेंगे। दुनिया में भारत के शब्द की कोई क़ीमत नहीं रहेगी। पैसे नहीं देने से भारत के मुँह पर कालिख लग जायेगी और साथ ही कानूनन भी ऐसा करना उचित नहीं होगा।''

माननीया, इस पर महात्मा गाँधी का कहना था, कानूनी बातों पर सोचने की मुझे आवश्यकता नहीं, परन्तु नैतिकता की दृष्टि से यह ग़लत है, यही सोचकर पाकिस्तान को पचपन करोड़ रुपये दिये जायें।

माननीया, महात्मा गाँधी ने बस आग्रह किया था कि इससे भारत की प्रतिष्ठा दाँव पर लग जायेगी।

वादी अधिवक्ता–माननीया, पूरा देश जानता है जिस समय पाकिस्तान को पैसे दिये गये उस समय गाँधी जी दिल्ली में आमरण अनशन पर थे।

प्रतिवादी अधिवक्ता–माननीया, महात्मा गाँधी अनशन पर थे परन्तु पचपन करोड़ दिलवाने के लिए नहीं, वरन् देश में प्रेम भाईचारा और शान्ति स्थापित करने के लिए अनशन किया था।

माननीया, यह लिखित डॉक्यूमेंट पेश है–प्यारेलाल ने पूर्णाहूति में आँखों देखा हाल लिखा है–डॉक्टर सुशीला नैयर यह ख़बर लेकर मेरे

पास आयीं कि अगर दिल्ली का पागलपन बन्द नहीं हुआ तो महात्मा गाँधी आमरण उपवास करेंगे। उपवास के समय पचपन करोड़ रुपये का कोई ज़िक्र तक नहीं हुआ है।

माननीया, यदि पचपन करोड़ के लिए महात्मा गाँधी ने उपवास किया होता तो इस मुद्दे को सार्वजनिक रूप से और लिखित रूप में भी ज़रूर रखते।

माननीया, यह सत्य है उपवास के तीसरे दिन केन्द्र सरकार ने पाकिस्तान को पचपन करोड़ देने की घोषणा कर दी थी परन्तु गाँधी जी ने इस घोषणा के बाद भी अपना उपवास नहीं तोड़ा, क्योंकि इस बात से उनके उपवास का कोई सम्बन्ध नहीं था।

माननीया, ध्यान देने वाली बात यह है कि उस समय महात्मा गाँधी के पेशाब में एसीटोन की मात्रा बढ़ने के कारण उनके शरीर में ज़हरीले तत्त्व भरने लगे थे। परिणाम घातक भी हो सकता था किन्तु उनका उपवास चालू रहा।

माननीया, महात्मा गाँधी ने उपवास तब समाप्त किया जब राजेन्द्र बाबू की अध्यक्षता में बनी शान्ति समिति ने शान्ति स्थापना के लिए चार स्तरों पर कार्यवाहियाँ करने का विश्वास दिलाया। इसमें पचपन करोड़ का कोई ज़िक्र नहीं है।

*( प्रतिवादी अधिवक्ता लिखित डॉक्यूमेंट पेश करता है )*

माननीया, इस डॉक्यूमेंट में उन सभी बिन्दुओं के लिखित प्रमाण–पत्र हैं जिन का आधार महात्मा गाँधी के आमरण अनशन से था। शान्ति समिति की बैठक हुई। शहर के सभी महत्त्वपूर्ण समूहों ने गाँधी जी की लगायी हुई शर्तें स्वीकार कीं और निम्नलिखित प्रतिज्ञा पर हस्ताक्षर किया–

"हम घोषणा करते हैं, यह हमारी हार्दिक इच्छा है कि हिन्दू, मुसलमान, सिक्ख और दूसरे सब धर्म या धर्मों को मानने वाले लोग फिर से आपस में मिलकर भाई–भाई की तरह दिल्ली में रहें। हम यह प्रतिज्ञा करते हैं कि हम मुसलमानों की जान–माल और धर्म की रक्षा करेंगे और जिस तरह की घटनाएँ पहले हुई हैं उन्हें फिर से नहीं होने देंगे। महात्मा जी से हमारा अनुरोध है कि वे हमारी बातों पर विश्वास करके अपना उपवास छोड़ दें। और जिस तरह आज तक वे देश का मार्गदर्शन करते रहे हैं करते रहें।"

माननीया, उस समय उपस्थित लोगों में पण्डित नेहरू, मौलाना आजाद, पाकिस्तान के उच्चायुक्त, ज़ाकिर हुसैन, राष्ट्रीय स्वयं संघ के हिन्दू महासभा संस्थाओं के प्रतिनिधि सहित अन्य लोगों से महात्मा गाँधी का कमरा खचाखच भरा हुआ था।

माननीया, उस समय महात्मा गाँधी ने उपवास तोड़ते हुए जो वक्तव्य दिया था उससे भी न्यायालय को पता चल जायेगा कि उपवास का पचपन करोड़ से कुछ लेना–देना नहीं था। महात्मा गाँधी ने इस अवसर पर कहा था।

*( प्रतिवादी अधिवक्ता जज महोदया को डॉक्यूमेंट पेश करता है )*

"मैंने जो माँगा था वह सब आपने मुझे दे दिया लेकिन अगर आपके शब्दों का यह अर्थ है कि आप अपने को सिर्फ़ दिल्ली की साम्प्रदायिक शान्ति के लिए ही ज़िम्मेदार मानते हैं और दूसरे स्थान की घटनाओं से आपका कोई सम्बन्ध नहीं तो आप की गारंटी किसी काम की नहीं है। आपने दिल्ली में जो सफलता प्राप्त की है उसे सारे भारत में प्राप्त करना है। अगर दिल्ली की परिस्थितियाँ सुधर गयी तो पाकिस्तान की परिस्थितियाँ भी सुधर जायेंगी।

वादी अधिवक्ता–गाँधी जी के उपवास को हिन्दुओं ने बहुत महत्त्व दिया और उनकी प्राण रक्षा की ख़ातिर अपने वैर का त्याग कर दिया किन्तु मुस्लिमों ने क्या किया?

प्रतिवादी अधिवक्ता–माननीया, महात्मा गाँधी के उपवास का मुस्लिम धर्मावलम्बियों पर भी असर पड़ा था। उनके धार्मिक नेताओं में से बरेली के एक मौलवी ने फतवा जारी करते हुए अपील की और महात्मा गाँधी को लिखा–

*( प्रतिवादी अधिवक्ता लिखित डॉक्यूमेंट देता है )*

"पाकिस्तान, हिन्दुस्तान में मुसलमानों का आप से बड़ा कोई दोस्त नहीं है। हाल के कराची और गुजरात (पाकिस्तान) के जुल्म, बेगुनाह औरतों और बच्चों के क़त्ल करना, जबरन धर्म बदलना और औरतों को भगा ले जाने की घटनाओं पर आपके साथ मेरा दिल भी खूब रोता है। यह अल्लाह के सामने किये गये ऐसे गुनाह हैं जिनकी कोई माफ़ी नहीं।

पाकिस्तान की सरकार यह जान ले अल्लाह के ख़लक के ख़िलाफ़ किये जाने वाले ऐसे भयंकर गुनाहों की बुनियाद पर इस्लामी राज्य कभी

क़ायम हो ही नहीं सकता। मैं पाकिस्तान में अपने अनुयायियों को हुक्म देता हूँ और पाकिस्तान के मुसलमानों और सरकार से अपील करता हूँ कि वह इस्लाम से कोई सम्बन्ध न रखने वाले इन शर्मनाक बुरे कामों को बन्द करें और अपनी पूरी करतूतों पर तहेदिल से पछतायें। मेरे अनुयायियों और हिन्दुस्तान के मुसलमानों को मेरा यह हुक्म है कि आख़िर तक आप भारत सरकार के वफ़ादार रहें। मुसलमानों के लिए समझने का समय आ गया है कि भारत के लिए उनकी सच्ची वफ़ादारी और उनके नेताओं का आत्मविश्वास ही एकमात्र ऐसा संरक्षण है जो उन्हें बचा सकता है। मेहरबानी करके अपना उपवास तोड़ दीजिये।''

वादी अधिवक्ता–''माननीया, लेकिन पाकिस्तान में क्या हुआ?

प्रतिवादी अधिवक्ता–'माननीया, पाकिस्तान में इसका असर हुआ। पाकिस्तानी हुकूमत के मन्त्री गजन करौली ने भी समाचार–पत्र में सन्देश दिया–हाल के महीनों में भारत और पाकिस्तान दोनों में जो भयंकर नैतिक पतन सामने आया है उसके लिए उपाय होना बेहद ज़रूरी था। इन परिस्थितियों के ख़िलाफ़ महात्मा गाँधी ने उग्र रूप में अपना उग्र रूप प्रकट किया है।''

माननीया, पश्चिमी पाकिस्तान विधानसभा के सदस्य फिरोज नून ख़ाँ ने घोषणा की–धर्म के संस्थापकों को छोड़कर संसार के किसी देश ने महात्मा गाँधी से बड़ा आदमी पैदा नहीं किया।''

उसी प्रान्त के मुख्यमन्त्री ने अपील भी की–''महात्मा गाँधी हिन्दू–मुस्लिम एकता के लिए अपनी जान कुर्बान करने को तैयार हैं, मैं इस सदन के प्रांगण से महात्मा गाँधी को यह विश्वास दिलाता हूँ कि अल्पसंख्यकों की रक्षा के लिए उनकी जो भावनाएँ हैं, हम पूरी तरह उनके साथ हैं।'' पश्चिम पाकिस्तान के मुख्यमंत्री ने यह भी घोषणा की गाँधीजी की क़ीमती ज़िंदगी को बचाने के लिए मदद करने के लिए यह प्रान्त सभी तरह के प्रयत्न करेगा। माननीया, इसके लिए लिखित डॉक्यूमेंट है।

*( प्रतिवादी अधिवक्ता डॉक्यूमेंट पेश करता है )*

वादी अधिवक्ता–माननीया, पाकिस्तान में नतीजा क्या निकला? सर्वविदित है। अभी मैं पाकिस्तान की बात नहीं अपने देश की ही बात करना चाहता हूँ। क्या न्यायालय को ऐसा नहीं लग रहा कि गाँधी जी को सिर्फ़ मुसलमानों के पुनर्वास की चिन्ता थी। शरणार्थी हिन्दुओं से

शरण ली हुई मस्जिद खाली कराने के लिए कहना क्या हिन्दुओं के प्रति अन्याय नहीं है?

प्रतिवादी अधिवक्ता–माननीया, महात्मा गाँधी की बात को छोड़कर पहले मैं अपने मित्र से सिर्फ़ एक सवाल पूछना चाहता हूँ। क्या किसी धार्मिक स्थल पर अवैध क़ब्ज़ा जायज़ है, सही है? न्यायालय भी जानता है कि दिल्ली में विस्थापितों को स्थापित करने के लिए, उनके पुनर्वास के लिए युद्धस्तर पर काम हो रहे थे। महात्मा गाँधी ने भारत माँ के दोनों पुत्रों के बीच परस्पर सौहार्दपूर्ण वातावरण बनाने के लिए धार्मिक स्थलों को खाली कराने की माँग की थी, क्योंकि यह एक बेहद संवेदनशील मुद्दा है।

माननीया, सिर्फ़ हिन्दुओं ही नहीं मुसलमानों की ओर से भी इस तरह की अपील महात्मा गाँधी के पास आ रही थी। लगभग इसी समय उत्तर प्रदेश के चार मुसलमानों के एक शिष्टमण्डल ने, जो पंजाब में शान्ति मिशन से लौट रहे थे, महात्मा गाँधी के पास आकर कहा–'अब हिन्दू लाहौर लौट सकते हैं और वहाँ सुरक्षित रह सकते हैं। परन्तु सिक्खों को समय की प्रतीक्षा करनी होगी। हिन्दुस्तान में मुस्लिम बहुल क्षेत्र के बारे में भी मुस्लिमों ने कहा हम अपने ग़ैर–मुस्लिम भाइयों को विश्वास दिलाते हैं कि जो लोग अपने घरों को लौट जाना चाहें, वे उनके साथ खुद जायेंगे और उनके पुनर्वास में मदद करेंगे। अपने प्राणों की बाज़ी लगाकर भी उनकी रक्षा करेंगे और जब तक उन्हें सलामती का अनुभव नहीं होगा तब तक उन्हें छोड़कर नहीं आयेंगे।''

*( प्रतिवादी अधिवक्ता जज को डॉक्यूमेंट देता है )*

माननीया, न्यायालय के सामने स्पष्ट है, महात्मा गाँधी दोनों कौमों से प्रेम और मोहब्बत की प्रतिज्ञा करा रहे थे। माननीया, महात्मा गाँधी अपने कलेजे पर पत्थर रखकर भौगोलिक विभाजन के बाद क्षत–विक्षत होने के बावजूद भारत की संस्कृति और सद्भाव को बचाने के लिए अपनी जान की कुर्बानी देने को तैयार बैठे थे।

वादी अधिवक्ता–माननीया, हमारे मित्र कहते हैं कि गाँधीजी की दृष्टि में हिन्दू और मुसलमान भारत माँ के दो पुत्र थे, तो हिन्दू पुत्र के लिए वे इतने कठोर और मुस्लिम पुत्र के लिए वे इतने सहृदय क्यों थे?

प्रतिवादी अधिवक्ता–माननीया, महात्मा गाँधी कठोर तो किसी के लिए नहीं थे पर वे सीधी–सीदी और सच्ची बात कहने वाले व्यक्ति थे। उन्हें लाग–लपेट करना नहीं आता था। वे चूँकि स्वयं को एक सनातनी

वैष्णव मानते थे, और वे हिन्दू धर्म के अनुयायी थे। इस कारण उन्हें अपने धर्म के बारे में बोलने का अधिक अधिकार था। वे सत्य के अनुयायी भी थे,इस से एकपक्षीय होना उनके लिए सम्भव नहीं था।

माननीया, महात्मा गाँधी ने दिसम्बर 1947 के अंतिम दिनों में सायं प्रार्थना के अवसर पर ज़ोर देकर कहा था–मैं मुस्लिम अल्पसंख्यकों से ज़ोर देकर कहूँगा कि वे ज़हरीले वातावरण से ऊपर उठें और अपने आदर्श आचरण द्वारा यह सिद्ध कर दें कि भारतीय संघ में सम्मान–पूर्वक जीवन बिताने का एकमात्र मार्ग है कि मन में कोई चोरी और दुराव–छिपाव न रखकर भारत का पूर्ण नागरिक बन कर रहा जाये।"

*( प्रतिवादी अधिवक्ता डॉक्यूमेंट देता है )*

माननीया, महात्मा गाँधी पाकिस्तान में हिन्दुओं पर हो रहे अत्याचारों से अत्यन्त व्यथित थे। उन्होंने अपने पास आने वाले मुस्लिमों से कहा था यदि वे महसूस करते हैं कि पाकिस्तान में अल्पसंख्यकों के साथ न्याय नहीं किया जा रहा है तो एक सार्वजनिक वक्तव्य साफ़ और स्पष्ट शब्दों में दीजिए कि यह पाकिस्तान के लिए शर्म और इस्लाम के लिए कलंक की बात है।

माननीया, इस कथन के बाद उन मुस्लिम प्रतिनिधियों ने ज़ोरदार अपील की।

*( प्रतिवादी अधिवक्ता लिखित प्रमाण–पत्र देता है )*

कृपया न्यायालय इस बात पर ग़ौर करे। महात्मा गाँधी का प्रार्थना के समय का यह वक्तव्य है–पाकिस्तान के मुसलमान पागल हो गये हैं और अधिकांश हिन्दू और सिखों को उन्होंने बाहर निकाल दिया है। अगर भारतीय संघ के हिन्दू भी ऐसा ही करेंगे तो इससे उन्हीं का नाश होगा।

माननीया, पाकिस्तान से आने वाले दुखद समाचार से मर्माहत होकर महात्मा गाँधी ने अपनी प्रार्थना सभा में ही कहा था–"ऐसी बातों को भारतीय संघ कब तक सहन कर सकता है? अपने उपवास के बावजूद मैं कब तक हिन्दू और सिक्खों के धीरज पर भरोसा रख सकता हूँ? पाकिस्तान वालों को अपनी यह हरकत बन्द करनी होगी। उन्हें यह प्रण करना होगा जब तक हिन्दू और सिक्ख पाकिस्तान लौटकर वहाँ सुरक्षित नहीं रह सकेंगे तब तक वह चैन नहीं लेंगे।"

माननीया, महात्मा गाँधी एक अनोखे इन्सान थे इसी से तो आइंस्टीन

ने उनके बारे में कहा था कि आने वाली पीढ़ियों को विश्वास नहीं होगा ऐसा कोई हाँड़–मांस का बना पुतला धरती पर आया था।

माननीया, महात्मा गाँधी मानते थे कि यदि पाकिस्तान संसार के विभिन्न धर्मों को मानने वाले लोगों के समान दर्जे की और जान–माल की सुरक्षा की गारंटी नहीं देगा और भारत उसकी नकल करेगा तो दोनों का नाश निश्चित है। लेकिन महात्मा गाँधी साथ ही साथ यह भी सोचते थे यदि पाकिस्तान और भारत में इस्लाम मरता भी है तो दुनिया के दूसरे देशों में वह बचा रहेगा। परन्तु यदि हिन्दू धर्म अपने पैरों पर कुल्हाड़ी मारकर नाश कर देता है तो पूरी दुनिया से उसका अस्तित्व समाप्त हो जायेगा। माननीया, न्यायालय को यह बताना चाहता हूँ कि सभी धर्मों में समभाव रखकर आदर करने वाले महात्मा गाँधी से बढ़कर हिन्दू धर्म का हितैषी होना किसी दूसरे के लिए सम्भव नहीं। वे हिन्दू धर्म की कुरीतियों को परिमार्जित और परिष्कृत करना चाहते थे। वे पूरी दुनिया में हिन्दू धर्म की महानता के झण्डे गाड़ने के लिए शब्दों नहीं आचरण के द्वारा कटिबद्ध व प्रतिबद्ध थे।

माननीया, इतना ही नहीं, महात्मा गाँधी का अगर हिन्दू–मुस्लिम एकता के लिए बलिदान नहीं हो गया होता तो वे पाकिस्तान जाने ही वाले थे।

माननीया, जब पश्चिम बंगाल में भयानक दंगों ने वीभत्स रूप अख़्तियार कर लिया तो वे अकेले व्यक्ति थे, जो हाथ में अहिंसक लाठी लिए नोआखाली से लेकर पूरे पश्चिम बंगाल–बिहार में गहन अन्धकार में एक प्रकाश पुंज बनकर उस विकराल अँधियारे को दूर करने की कोशिश कर रहे थे। नोआखाली में जब महात्मा गाँधी हिन्दू अल्पसंख्यकों की रक्षा के लिए पहुँचे तो लीग के मुस्लिम नेताओं ने उनसे कहा–आप बिहार नहीं जाकर यहाँ हिन्दुओं को बचाने आये हैं? वहाँ दावानल धधक रहा था उस धधकते दावानल में गाँधी ने शान्त भाव से कहा–"न आपके कहने पर आया हूँ और न जाऊँगा। मैं अपनी अन्तरात्मा कि आवाज़ और नोआखाली की स्त्रियों की पुकार सुनकर आया हूँ। या तो स्थिति सुधरेगी या मेरी जान जायेगी। नोआखाली जाने के क्रम में उन पर जानलेवा हमले की आशंका जतायी गयी, किन्तु गाँधी जी नहीं माने। जब तक भगायी हुई और बलात्कार पीड़ित एक–एक लडकी की घर वापसी नहीं करा ली गयी गाँधीजी डटे रहे। जब तक जबरन धर्मान्तरण से हर

एक की वापसी नहीं हुई गाँधी जी डटे रहे। कलकत्ता में 30 मार्च, 1947 को वायसराय माउण्टबेटन ने महात्मा गाँधी के लिए हवाई जहाज़ भेजा था जिसे महात्मा गाँधी ने यह कहकर लौटा दिया था कि जिस वाहन में करोड़ों ग़रीब सफर नहीं कर सकते, उसमें कैसे बैठ सकता हूँ? माननीया, 15 अगस्त, 1947 के पहले महात्मा गाँधी कश्मीर से कलकत्ता पहुँचे क्योंकि उन्हें नोआखाली जाना था, क्योंकि वहाँ के हिन्दुओं के ऊपर फिर हिंसा की आग लगने का भय समाया हुआ था। उसी समय कोलकाता में हिन्दू–मुस्लिम दंगे भड़क उठे। बंगाल के मुख्यमन्त्री प्रफुल्ल चन्द्र घोष ने दो दिन के लिए बापू से रुकने की विनती की। दो दिन के बाद बापू ने निश्चय कर लिया कि 15 अगस्त को नोआखाली पहुँचना है। उसके पहले महात्मा गाँधी ने **नोआखाली के एक**–एक गाँव में जाकर न सिर्फ़ दंगे को रुकवाया बल्कि निडरता, साहस और सौहार्द का वातावरण बनाने के लिए अपने जीवन को ख़तरे में झोंक दिया था।

माननीया, कृपया ध्यान दें, यह लिखित डॉक्यूमेंट है मनु गाँधी का, जो उस समय महात्मा गाँधी के साथ थीं। माननीया, जैसे ही महात्मा गाँधी नोआखाली की ओर आगे बढ़े कि सुहरावर्दी महात्मा गाँधी से विनती करने लगा–"कोलकाता में जो आग जल रही है, उसे आप के बिना कोई नहीं बुझा सकता।" यह वही सुहरावर्दी था जो नोआखाली में भीषण रक्तपात और दंगे के समय बंगाल का मुख्यमन्त्री था, और माननीय बापू की अवहेलना कर रहा था। माननीय बापू ने कहा–"मुझे नोआखाली पहुँचना है, वहाँ के लोगों को आने का वचन दिया है। अभी आप नोआखाली की ज़िम्मेवारी लें तो मैं यहाँ की आग बुझाने को तैयार हूँ।" सुहरावर्दी ने कुछ देर सोचने के बाद कहा–"मैं वहाँ आदमी भेजता हूँ और भरसक कोशिश करता हूँ।"

माननीया, महात्मा गाँधी के उत्तर पर न्यायालय ग़ौर फरमाये– "इस भरसक कोशिश से काम नहीं चलेगा। जैसे बिहार वालों ने वचन दिया है कि वहाँ कुछ गड़बड़ हो जाये तो मुझे उपवास का हक होगा उसी तरह नोआखाली में कुछ गड़बड़ होगा तो मुझे उपवास का हक होगा"।

माननीया, महात्मा गाँधी के काम करने का तरीक़ा कैसा था? नोआखाली की ज़िम्मेवारी उन्होंने नोआखाली वालों पर ही डाल दी। सुहरावर्दी के लिए नोआखाली सँभालना कठिन काम नहीं था। क्योंकि

नोआखाली के जितने भी ज़िम्मेदार मुस्लिम थे और जिन पर इल्ज़ाम लगे थे वे सब छूट चुके थे और वे सब सुहरावर्दी की बात सुनते थे।

माननीया, मगर काम निकालने की बापू की तरकीब कैसी थी, जिसने गुनाह किया हो उसी पर संरक्षण की ज़िम्मेदारी डाल दी जाये। दूसरे दिन सुहरावर्दी अपने साथियों के साथ आये। नोआखाली में पूर्ण शान्ति रहे इसकी ज़िम्मेदारी हमारी है और आगे के लिए भी हम ख़्याल रखेंगे कि उसके बाद भी वहाँ कुछ ना हो।

माननीया, कलकत्ते में बैठकर महात्मा गाँधी ने नोआखाली का काम पूरा कर लिया।

माननीया, मनु गाँधी ने आँखों देखा हाल लिखा है–सभी मुस्लिम भाई नोआखाली गये, वहाँ के हिन्दू भाइयों को दिलासा दिया कि वे डरें नहीं। साथ ही अपनी पूरी मदद देना भी मंजूर किया।

माननीया, कलकत्ते के एक पुराने से घर में महात्मा गाँधी सुहरावर्दी को भी साथ रखकर शान्ति के लिए अपील कर रहे थे। उसमें कुछ कट्टर हिन्दू युवकों ने गाँधी जी से कहा–आप नोआखाली छोड़कर कलकत्ता में क्यों हैं? क्या थोड़े से मुसलमानों की जान जाने की वजह से?

माननीया, मेरे मित्र कृपया ध्यान दें महात्मा गाँधी ने उन्हें शांत करते हुए कहा–''तुम सब जवान हो और मेरे बच्चे के समान हो। तुम सब यह नहीं समझते कि मैं जन्म से हिन्दू हूँ, कर्म से हिन्दू हूँ। क्या मैं हिन्दुओं का दुश्मन बनूँगा? मुझे तो तुम सब की मदद चाहिए। यदि रक्षक बनोगे, तो तुम ही बनोगे और यदि भक्षक बनोगे तो वह भी तुम ही बनोगे। यदि तुम भक्षक बनोगे तो मैं खुश होऊँगा, मैं तो अब बूढ़ा हो गया हूँ, मुझे कहाँ जीना है? और आज भी मैं नोआखाली ही जाने वाला था। वहाँ की शान्ति, हमेशा की शान्ति की व्यवस्था करने के बाद मैं यहाँ हूँ।

माननीया, महात्मा गाँधी की बात सुनते ही सभी नवयुवक शान्त होकर शहर में जाकर शान्ति का सन्देश फैलाने लगे।

*( "बापू मेरी माँ" मनु गाँधी का लिखित डॉक्यूमेंट प्रतिवादी अधिवक्ता पेश करता है )*

माननीया, आज़ादी मिलने के आधे घण्टे पहले यानी रात के साढ़े ग्यारह बजे जिस कलकत्ते में हिन्दू–मुसलमान को नहीं देख सकता था और मुसलमान हिंदू को नहीं, वहाँ हिन्दू–मुस्लिम भाई–भाई, हिन्दू–मुस्लिम एक हों के नारे आसमान में गूँजने लगे।

सारी रात हिन्दू–मुस्लिम भाई ही नहीं, बहनें और बच्चे लॉरी भर–भरकर महात्मा जी के दर्शन के लिए आते रहे माननीया, मनु गाँधी लिखती हैं कि सभी लोग अपनी आज़ादी दिलाने वाले पिता के दर्शन कर प्रतिज्ञा ले रहे थे–हमारे अपराध क्षमा कीजिए, फिर ऐसी ग़लती ना होगी।

शहर में रोशनी की गयी थी पर कौमी एकता की जिस रोशनी को बापू ने प्रकाशित किया था उसके सामने सभी रोशनी फीकी लग रही थी।

माननीया, उस दिन के बाद नोआखाली में पूरी शान्ति रही। तभी तो अंतिम वायसराय और पहले गवर्नर जनरल लॉर्ड माउण्टबेटन को कहना पड़ा था–एक आदमी की सेना ने पूर्व में शान्ति स्थापित करने का काम कर दिया जो पश्चिम में हमारी पचपन हज़ार की बटालियन नहीं कर पायी।''

माननीया, उस समय पूरे देश ने इस जादूगर की जादूगरी देखी थी। अब महात्मा गाँधी पाकिस्तान जाने की तैयारी कर रहे थे महात्मा गाँधी सिर्फ़ दो एजेंडे लेकर पाकिस्तान जा रहे थे। एक था–पाकिस्तान में अल्पसंख्यकों की सुरक्षा और सम्मान। दूसरा एजेंडा था–भारत और पाकिस्तान में एक समझौता कि दोनों देश एक–दूसरे पर आक्रमण नहीं करेंगे।

माननीया, पाकिस्तान में जो लोग भारत–पाकिस्तान के बेहतर रिश्ते चाहते थे, वे भी बेसब्री से महात्मा गाँधी का इन्तज़ार कर रहे थे। अधिकतर भारतीयों और पाकिस्तानियों को विश्वास था कि महात्मा गाँधी जब पाकिस्तान पहुँचेंगे तो करिश्मा होगा। भारत माँ की और मानवता के शत्रुओं ने महात्मा गाँधी की हत्या कर पाकिस्तान के उन अल्पसंख्यकों के सबसे बड़े मददगार को मदद करने जाने से रोककर उन हिन्दुओं के प्रति ऐसा घोर अपराध किया जिसे भूत, भविष्य और वर्तमान कभी क्षमा नहीं करेगा।

डोमेनि लेपायर ने महात्मा गाँधी को त्रिकालदर्शी कहा है, वह पूरी तरह सत्य लगता है। कभी–कभी लगता है उस पागल हत्यारे का भी क्या दोष? महात्मा गाँधी ने अपनी मृत्यु का शब्दचित्र तीन–तीन बार खींचा था–मुझे अगर किसी पगले की गोली खाकर मरना है तो फिर हँसते हुए ही मरना चाहिए। उस समय मेरे भीतर क्रोध की गन्ध तक नहीं होनी चाहिए। मेरे हृदय में और मेरी जिह्वा पर उस समय केवल राम रहेंगे।''

माननीया, महात्मा गाँधी की मृत्यु के बाद यदि न्यायालय ग़ौर फरमाये तो अनुभूत कर सकता है कि वह मृत्यु नहीं इच्छामृत्यु थी या यूँ कहें कि यह उनका भारत माँ के लिए बलिदान था। मैं उनकी मंशा का लिखित डॉक्यूमेंट पेश करता हूँ। गाँधी वांग्मय खण्ड 87 में गाँधी ने कहा है–''अगर मेरे इस काम में मौत आ जाती है तो मैं इसका स्वागत करूँगा। इस शरीर का जिसने अठत्तर साल गुजार लिए हैं, इससे बेहतर क्या इस्तेमाल होगा? मेरी मृत्यु भाई–भाई की हत्याओं को तत्काल रोक देगी।''

माननीया, सम्पूर्ण हिन्दुस्तान और दुनिया ने अपनी आँखों से महात्मा गाँधी के बलिदान के बाद देखा कि कैसे पूरा देश स्तब्ध रह गया था। ऐसी नीरवता और शान्ति छा गयी थी किसी ने कल्पना भी न की होगी। जैसे पूरा हिन्दुस्तान उस रोशनी के बुझने से अन्धकार में चला गया। इस चोट से भारतवासी हिल गये।

माननीया, महात्मा गाँधी ने अपने जीवन भर एक भी ऐसा कार्य नहीं किया, ऐसी वस्तु का इस्तेमाल नहीं किया जिसका वे सम्पूर्ण उपयोग किये बिना रहते थे। डाक से आये हुई चिट्ठियों के पिन से लेकर लिफ़ाफ़ों तक को उलटकर उपयोग कर लेते थे। ऐसा लगता है अपनी मृत्यु का वे इससे बेहतर उपयोग नहीं कर सकते थे। माननीया, न्याय की प्रतीक्षा में मैं अपनी बात समाप्त करता हूँ।

वादी अधिवक्ता–माननीया, न्याय की प्रतीक्षा तो मुझे भी है।

जज महोदया–कल तक के लिए न्यायालय को मुल्तवी किया जाता है।

## दृश्य दो

जज महोदया–जहाँ तक न्यायालय ने इसको समझा है, यह एक ऐसा मुद्दा है जो भावनाओं का है। अपने धर्म को मान देना बड़ी बात नहीं, सभी लोग देते हैं, पर दूसरे के धर्म को मान विवेकी लोग देते हैं। यह भी कहा जाता है, जिस व्यक्ति को अपने धर्म के प्रति सच्ची श्रद्धा और आस्था होगी वह किसी दूसरे के धर्म का अनादर कर ही नहीं सकता। अपने कौम के लोगों से सभी प्रेम करते हैं परन्तु दूसरे कौम के लोगों से अपने जितना ही प्रेम करना मानवता है। जब हम किसी व्यक्ति पर यह आरोप लगाते हैं कि वह अपने धर्मावलम्बियों से अधिक प्रेम दूसरे धर्मावलम्बियों से करता है तो बात अनोखी और अबूझी–सी लगती है। महात्मा गाँधी ने अपने सम्पूर्ण

जीवन में हिन्दू–मुस्लिम एकता को बहुत ऊँचा स्थान दिया है। मैं प्रतिवादी पक्ष के अधिवक्ता की इस बात से पूरी तरह सहमत हूँ कि महात्मा गाँधी भारत माता के दोनों पुत्रों की एकता को ही भारत माता की सच्ची सेवा मानते थे और उन्होंने इन दोनों के बीच के दंगे, अशान्ति और हिंसा को रोकने के लिए अपनी जान की परवाह किये बिना आमरण उपवास किया। वादी पक्ष के अधिवक्ता ने पचपन करोड़ के लिए उपवास करने के पक्ष में एक भी प्रमाण प्रस्तुत नहीं किया। न्यायालय उनके आरोपों को ख़ारिज करता है। न्यायालय मानता है कि महात्मा गाँधी ने देश को एक रखने के लिए अन्त तक प्रयास किया था। किन्तु उनका प्यारा देश टूटकर खण्डित हो गया। उन्होंने प्रारम्भ में ही भाँप लिया था कि अंग्रेज़ हिन्दू मुस्लिम एकता को कभी सफल होने नहीं देंगे और इसके कारण देश आज़ादी से वंचित हो जायेगा। इस कारण भी उन्होंने हिन्दू–मुस्लिम एकता के लिए अपना सम्पूर्ण जीवन न्योछावर कर दिया। लगता है अवतारियों का अन्त ऐसे ही होता है। श्रीकृष्ण ने जीवन भर देश को सन्भालने की कोशिश की। लोगों को ऊँची राजनीति की शिक्षा देकर गीता का पाठ पढ़ाया किन्तु अन्त में यदुवंशियों का नाश उन्होंने अपनी आँखों से देखा और खुद एक व्याध के तीर से बिंधकर धराधाम चले गये और राम–सीता का वनवास, लक्ष्मण की आत्महत्या से दुःखी होकर राम ने सरयू में जलसमाधि ले ली। इसी प्रकार गाँधी ने भी 'हे राम' कहते हुए अपने शरीर का विसर्जन किया।

# खण्ड आठ

## दृश्य एक

जज–आज की कार्यवाही प्रारम्भ की जाए।

वादी अधिवक्ता–महोदया, मेरा आरोप गाँधी जी पर यह है कि उन्होंने अपना उत्तराधिकारी जवाहरलाल नेहरू को क्यों चुना, सरदार पटेल को क्यों नहीं चुना? जबकि पटेल नेहरु से अधिक योग्य थे और उन्हें गाँधीजी का यस मैन कहा जाता था और पटेल गुजरात के भी थे, *(वादी अभिवक्ता थोड़ी देर रुककर मुस्कुराता है उसके बाद आगे कहता है)* और साथ ही उनकी काग्रेस पार्टी पर ज़बर्दस्त पकड़ थी।

प्रतिवादी अधिवक्ता–महोदया, मेरे मित्र के कहने का तात्पर्य है कि महात्मा गाँधी को सरदार पटेल को इस कारण अपना उत्तराधिकारी बनाना चाहिए था कि वे उनके यस मैन थे और उनके जन्म स्थान एक थे।

वादी अधिवक्ता–नहीं, मेरे मित्र समझ रहे हैं कि मेरे कहने का तात्पर्य क्या है। दोनों के प्रान्त और भाषा का एक होना प्रगाढ़ता का एक मज़बूत कारण हो सकता था। सरदार पटेल की योग्यता पर किसी को शक़ नहीं था और कांग्रेस पार्टी पर उनकी बहुत अधिक पकड़ थी।

प्रतिवादी अधिवक्ता–महोदया, सरदार पटेल और जवाहरलाल नेहरू दोनों महात्मा गाँधी को बेहद अज़ीज़ थे। मेरे क़ाबिल मित्र का यह कहना भी सही है कि सरदार पटेल महात्मा गाँधी की बातों से प्रायः असहमत नहीं होते थे, गुजरात के भी थे और उनकी योग्यता पर शक़ की कोई गुंजाइश नहीं थी। महोदया, किसी भी व्यक्ति को अपना उत्तराधिकारी चुनने की स्वतन्त्रता होती है, पर क्या महात्मा गाँधी ने उसी स्वतन्त्रता के तहत जवाहरलाल नेहरू को अपना उत्तराधिकारी घोषित कर दिया?

वादी अधिवक्ता–गाँधी जी ने जवाहरलाल नेहरू के पिता मोतीलाल नेहरू के कहने पर उन्हें अपना उत्तराधिकारी घोषित किया।

प्रतिवादी अधिवक्ता–महोदया, मेरे क़ाबिल मित्र की समझ इतनी संकीर्ण है! वे महात्मा गाँधी को भी अपने संकीर्ण चश्मे से देखते हैं? किसी के कहने पर अपना उत्तराधिकारी घोषित करने वाला व्यक्तित्व–महात्मा गाँधी का! कुछ भी बोलने के पहले सौ बार सोचना चाहिए। माननीया, अपने क़ाबिल मित्र का उत्तर देने के लिए पहले जवाहरलाल जी के बारे में जानना होगा। महात्मा गाँधी से जवाहरलाल नेहरू की पहली मुलाक़ात 1916 में कांग्रेस अधिवेशन के दौरान हुई। उस समय महात्मा गाँधी की उम्र उनचास वर्ष और जवाहरलाल नेहरु की सत्ताईस थी।

माननीया, इस बात पर ग़ौर किया जाये पं. नेहरू अपनी पढ़ाई पूरी करके विदेश से लौटे थे और उसी साल उन्होंने कांग्रेस के पटना अधिवेशन में भाग भी लिया था।

माननीया, 1917 में पं. नेहरू भारतीय युवकों की राजनीति में मज़बूत उपस्थिति दर्ज करा चुके थे, पण्डित नेहरू लोकमान्य तिलक को अपना नेता मानते थे।

माननीया, जलियाँवाला बाग की घटना ने पण्डित नेहरू को गाँधी का अनुयायी बना दिया। दरअसल इस घटना के बाद जब महात्मा गाँधी ने यह ऐलान किया कि 6 अप्रैल को सारे देश में सत्याग्रह दिवस और उपवास रखा जायेगा तो पूरा राष्ट्र एकजुट हो गया जो इसके पहले कभी नहीं हुआ था। महात्मा गाँधी के नेतृत्व में उत्तर प्रदेश में पण्डित नेहरू ने सत्याग्रह दिवस को सफलतापूर्वक मनाया। माननीया, ध्यान देने की बात यह है कि पंडित नेहरू के द्वारा सफल सत्याग्रह के प्रयोग के बाद मोतीलाल नेहरु भी महात्मा गाँधी के सम्पर्क में आ गये। मेरे क़ाबिल मित्र ने शायद इस मशहूर कहावत को नहीं सुना है कि जवाहरलाल नेहरू के आधिभौतिक पिता मोतीलाल थे किन्तु मोतीलाल जी का राजनीतिक पिता उनका पुत्र था।

वादी अधिवक्ता–माननीया, 1917 में पण्डित नेहरू क्या कर रहे थे इन बातों से इस आरोप का क्या लेना–देना? मैं न्यायालय के क़ीमती वक्त को बर्बाद करने से बचने की सलाह अपने मित्र को देना चाहता हूँ।

प्रतिवादी अधिवक्ता–माननीया, पंडित नेहरू कहाँ थे, इसलिए जानना आवश्यक है क्योंकि मेरे मित्र के आरोप का जवाब इसी से मिलेगा।

माननीया, सभी को पता है पंडित नेहरू एक अभिजात्य परिवार से आते थे। राजकुमार की तरह उनकी परवरिश हुई, ठीक सिद्धार्थ की तरह। त्यागपूर्ण जीवन अपना कर सिद्धार्थ महात्मा बुद्ध बन गये। पंडित नेहरू ने भी अपनी ठाट की ज़िन्दगी को महात्मा गाँधी की सोहबत में आकर ठुकरा दिया।

माननीया, डॉ राजेन्द्र प्रसाद ने अपने संस्मरण में लिखा है।

*( प्रतिवादी अधिवक्ता डॉक्यूमेंट पेश करता है )*

एक बार वे कांग्रेस अधिवेशन में सम्मिलित होने को पटना से मुम्बई जा रहे थे। छेंडकी स्टेशन पर मोतीलाल और जवाहरलाल जी उसी ट्रेन में सवार होने को आये। राजेन्द्र बाबू तीसरी श्रेणी में थे। मोतीलाल ने रिजर्व फर्स्ट क्लास में जाना छोड़ दिया था। वे द्वितीय श्रेणी का टिकट लिए हुए थे। मोतीलाल जी ने राजेन्द्र बाबू से कहा–''चलो एक समझौता ही कर डालो। मैं तो फर्स्ट क्लास से उतरकर सेकंड क्लास में आ गया हूँ, अब तुम भी थर्ड क्लास से सेकंड क्लास में आ जाओ।'' राजेन्द्र बाबू अपना टिकट बदल कर द्वितीय श्रेणी में आ गये। इतने में दिखायी पड़ा कि जवाहरलाल जी प्लेटफार्म पर घूम रहे हैं। मोतीलाल ने राजेन्द्र बाबू से कहा–''ज़रा इस लड़के को देखो यह भी तुम्हारी तरह थर्ड क्लास में सफर कर रहा है। अभी इसके मौज मजे के दिन थे मगर यह तो साधु हो रहा है। राजेन्द्र बाबू ने देखा मोतीलाल की आँखों में आँसू छलक आये थे।''

माननीया, महात्मा गाँधी में जो यती वृति थी, पण्डित नेहरू उस वृति को भी अपने भीतर लाना चाहते थे। एक बार मोतीलाल नेहरू ने महात्मा गाँधी से कहा भी था–''जवाहरलाल को बन्दरपने से बचाइए, आजकल वह चने और मुरमुरे चबाता है।

वादी अधिवक्ता–माननीया, इसका मतलब महात्मा गाँधी ने अपने प्रति नेहरू जी की भक्ति के कारण उन्हें अपना उत्तराधिकारी बनाया।

प्रतिवादी अधिवक्ता–मेरे मित्र थोड़ा धैर्य रखें मैं उसी बात पर आ रहा हूँ। माननीया, पंडित नेहरू महात्मा गाँधी के यस मैन नहीं थे। उनकी अपनी स्वतन्त्र विचारधारा थी। पंडित नेहरू ने सैकड़ों बार महात्मा गाँधी के विचारों का विरोध किया था।

माननीया, महात्मा गाँधी के इस पत्र से न्यायालय समझ सकता है कि दोनों में विचार भिन्नता किस हद तक हो जाती थी।

*( प्रतिवादी अधिवक्ता डॉक्यूमेंट पेश करता है )*

"मेरे और तुम्हारे बीच मतभेद इतने विशाल और मौलिक हैं कि लगता है समान भूमि है ही नहीं, जिस पर हम दोनों मिल सकें। तुम्हारे समान वीर और निर्भीक, विश्वासी, सच्चे और सुयोग्य साथी से सम्बन्ध–विच्छेद की बात मेरे लिए घोर वेदना का विषय होगी। मगर लक्ष्य की सेवा के लिए साथियों की, दोस्ती की कुर्बानी चढ़ानी पड़े तो वह कुर्बानी भी चढ़ानी चाहिए।" माननीया, मेरे मित्र को इतना तो ज्ञात हो ही गया होगा कि पंडित नेहरू महात्मा गाँधी के यस मैन नहीं थे।

माननीया, इतना ही नहीं 1928 में जब कोलकाता कांग्रेस के अवसर पर सर्वदलीय बैठक में पंडित नेहरू औपनिवेशिक स्वराज पर बनाये नेहरू रिपोर्ट जो उनके पिता मोतीलाल नेहरू ने बनाये थे, को मानने से इनकार करते हुए तन गये कि सभी दल भले ही इस रिपोर्ट को मान लें किन्तु कांग्रेस को इसे नहीं मानना चाहिए। माननीया, जब कांग्रेस सहित सभी दल ने इसे स्वीकार कर लिया तो नेहरू जी अधिवेशन से गुस्से में भरे निकले और नौजवानों को लेकर भारत स्वाधीनता लीग की स्थापना कर ली और सभा के सभापति बने।

इतना ही नहीं माननीया, नेहरू रिपोर्ट में ताल्लुकेदारों और ज़मींदारों के पक्ष में कुछ नरमी की बातें देखकर नेहरू जी बिदक गये–मैं स्वाधीनता लीग का अध्यक्ष होने के नाते किसी भी तरह के सामन्तशाही से समझौता नहीं कर सकता। उस समय उन्होंने कांग्रेस के महासचिव पद से इस्तीफ़ा दे दिया, परन्तु कार्यसमिति ने उनके इस्तीफ़े को मंजूर नहीं किया।

माननीय पंडित नेहरू ने जिस रिपोर्ट का विरोध किया था, वह उनके पिता ने बनायी थी जिनका वे बहुत आदर करते थे। आख़िरकार समझौता हुआ कि अगर एक वर्ष के भीतर ब्रिटिश सरकार रिपोर्ट को स्वीकार नहीं करेगी तो अगले वर्ष कांग्रेस पूर्ण स्वाधीनता का अपना ध्येय घोषित कर देगी और ऐसा ही हुआ। एक वर्ष के बाद ही 1929 में लाहौर में पण्डित नेहरू कांग्रेस के अध्यक्ष बने और पूर्ण स्वाधीनता का प्रस्ताव लाये। पूर्ण स्वाधीनता का प्रस्ताव पास होते ही पंडित नेहरू झण्डे के चारों तरफ़ खुशी से घूम–घूम कर नाचने लगे।

वादी अधिवक्ता–माननीया, इतने विस्तृत रूप में नेहरू जी की चर्चा करके क्या मेरे मित्र न्यायालय का समय नहीं बर्बाद कर रहे हैं? मेरा आरोप है कि गाँधीजी ने नेहरू को ही अपना उत्तराधिकारी क्यों बनाया? मोतीलाल नेहरू का पुत्र होना भी कारक है।

प्रतिवादी अधिवक्ता–माननीया, अपने मित्र को यही तो बताना चाह रहा हूँ कि महात्मा गाँधी ने उन्हें अपना उत्तराधिकारी न अपने प्रति भक्ति के कारण चुना और न मोतीलाल जी का पुत्र होने के कारण। क्योंकि यहाँ पुत्र का क़द पिता से काफ़ी बड़ा था।

वादी अधिवक्ता–माननीया, इसका तात्पर्य महात्मा गाँधी ने अपना उत्तराधिकारी एक ऐसे व्यक्ति को चुना जो उनका विरोधी था।

प्रतिवादी अधिवक्ता–माननीया, महात्मा गाँधी और पंडित नेहरू के बीच मतभेद था, स्पर्धा नहीं थी। महात्मा गाँधी पंडित नेहरू को देश के लिए अपरिहार्य समझते थे। वे जानते थे कि देश के नौजवानों में जवाहरलाल के प्रति एक ख़ास आकर्षण है, जिसकी पूर्ति और कोई नहीं कर सकता। वे यह भी जानते थे कि जवाहरलाल के ही पास वह भाषा है जिसे बाहरी विश्व समझता है और जवाहरलाल के पास जो सार्वभौमिक दृष्टि है वह और किसी के पास नहीं।

माननीया, इन्हीं गुणों पर रीझ कर महात्मा गाँधी ने पंडित नेहरू को अपना उत्तराधिकारी घोषित किया।

*( प्रतिवादी अधिवक्ता लिखित डॉक्यूमेंट पेश करता है )*

भारतीय कांग्रेस कमेटी 1942 में वर्धा में महात्मा गाँधी ने कहा–"लोग कहते हैं मेरे और जवाहरलाल के बीच तनाव आ गया है और हम लोग एक–दूसरे से दूर जा पड़े हैं। हम लोगों को एक–दूसरे से दूर करने के लिए मतभेद काफ़ी नहीं है। जब से हम सहकर्मी हुए मतभेद तभी से रहे हैं और तब भी जो बात मैं बरसों से कहता आया हूँ, उसे आज फिर दोहराना चाहता हूँ कि मेरे उत्तराधिकारी राजा जी नहीं होंगे, उत्तराधिकारी जवाहरलाल होगा। जवाहरलाल कहता है कि मेरी भाषा उसकी समझ में नहीं आती है, न मैं उसकी भाषा समझता हूँ मगर भाषा ना मालूम हो तब भी दिल मिलते ही हैं और मैं जानता हूँ कि मेरे मरने के बाद जवाहरलाल मेरी भाषा में ही बात करेगा।"

वादी अधिवक्ता–माननीया, नवयुवकों के बीच नेताजी सुभाषचन्द्र बोस, शहीदे आजम भगत सिंह नेहरू से अधिक लोकप्रिय थे। यदि नवयुवकों के बीच लोकप्रियता कारण है जवाहरलाल जो इन लोगों के सामने कहाँ ठहरते हैं?

प्रतिवादी अधिवक्ता–माननीया, मुझे खेद है कि मेरे मित्र ने अभी–अभी जो कुछ कहा है वह जानकारी के अभाव में कहा है या बिना

सोचे–समझे कहा है। उन्हें शायद भगत सिंह की शहादत का साल भी याद नहीं।

माननीया, लेकिन जब हमारे मित्र ने शहीदे आजम भगत सिंह और नेताजी सुभाषचन्द्र बोस का नाम लाया है तो लाज़िमी तौर पर मेरा यह कर्तव्य बन जाता है कि मैं न्यायालय को यह बताऊँ कि इन दोनों महापुरुषों का पंडित नेहरू की लोकप्रियता के बारे में क्या कहना है। सर्वप्रथम शहीदे आजम का लिखित डॉक्यूमेंट पेश करता हूँ।

*( प्रतिवादी अधिवक्ता लिखित डॉक्यूमेंट पेश करता है )*

"हिन्दुस्तान फिर जाग रहा है। आधुनिक विचारों के अनेक नये नेता सामने आये हैं। इस समय जो नेता आगे आये हैं, वह हैं–बंगाल के पूजनीय श्री सुभाष चन्द्र बोस और माननीय पंडित जवाहरलाल नेहरू। यही दो नेता हिन्दुस्तान में उभरते नजर आ रहे हैं और युवाओं के आन्दोलन में विशेष रूप से भाग ले रहे हैं। दोनों ही हिन्दुस्तान की आज़ादी के कट्टर समर्थक हैं। दोनों ही समझदार और सच्चे देशभक्त हैं। लेकिन फिर भी उनके विचारों में ज़मीन–आसमान का अन्तर है एक को भारत की प्राचीन संस्कृति का उपासक कहा जाता है तो दूसरे को युगान्तकारी।

हम इस लेख में अलग–अलग विचारों को जनता के समक्ष रखेंगे, ताकि जनता स्वयं उनके भीतर को समझ सके और स्वयं भी विचार कर सके। दो–तीन महीनों में आज दोनों बहुत–सी कॉन्फ्रेंसों के अध्यक्ष बनाये गये और अपने–अपने विचार लोगों के सामने रखे।

सुभाष बाबू को सरकार तख़्तापलट गिरोह का सदस्य समझती है और इसलिए उन्हें बंगाल अध्यादेश के अन्तर्गत क़ैद कर लिया था। आप रिहा हुए और गरम दल के नेता बनाये गये। आप भारत का आदर्श पूर्ण स्वराज मानते हैं।

पण्डित जवाहरलाल नेहरू स्वराज पार्टी के नेता पंडित मोतीलाल नेहरू के सुपुत्र हैं। बैरिस्टरी पास हैं, आप बहुत विद्वान हैं। आप भी गरम दल के नेता हैं। आप के और आप के साथियों के प्रयास से ही पूर्ण स्वराज का प्रस्ताव स्वीकृत हो सका है।

इधर सुभाष बाबू ने भी अमृतसर कॉन्फ्रेंस के भाषण में इसी बात पर ज़ोर दिया था लेकिन फिर भी इन दोनों सज्जनों के विचारों में ज़मीन आसमान का अन्तर है। अमृतसर और महाराष्ट्र कॉन्फ्रेंसों के इन दोनों

अध्यक्षों के विचारों का स्पष्ट दर्शन हुआ था बाद में मुम्बई के भाषण में यह बात और स्पष्ट रूप से समझ में आयी।

पंडित जवाहरलाल नेहरू इस जनसभा की अध्यक्षता कर रहे थे और सुभाषचन्द्र ने भी भाषण दिया था–वह एक बहुत भावुक बंगाली हैं, वे दीवानों की तरह कहना प्रारम्भ कर देते हैं–चाँदनी रात में ताजमहल को देखो और जिस दिल की सोच का यह परिणाम था उसकी महानता की कल्पना करो। वह वापस वेदों की ओर लौटने का आह्वान करते हैं। उन्होंने राष्ट्रवाद के सम्बन्ध में कहा है कि अन्तरराष्ट्रीयवादी राष्ट्रवाद को संकीर्ण दायरे वाली विचारधारा बताते हैं, लेकिन यह भूल है। हिन्दुस्तानी राष्ट्रीयता का विचार ऐसा नहीं है। वह न निजी स्वार्थ से प्रेरित है और उत्पीड़नकारी है क्योंकि इसकी जड़ या मूल सत्यम शिवम सुंदरम है।

यहाँ भी वही छायावाद है कोरी भावुकता है। वह प्रत्येक बात में अपने पुरातन युग की महानता देखते हैं। पंचायती राज का ढंग उनके विचार में कोई नया नहीं है। पंचायती राज और जनता का राज वे कहते हैं कि हिन्दुस्तान के लिए नयी चीज़ नहीं है। उन्होंने सबसे अधिक उस दिन के भाषण पर जोर दिया था–वह था कि हिंदुस्तान का दुनिया के लिए एक विशेष सन्देश है।

पंडित जवाहरलाल के विचार इसके बिल्कुल विपरीत हैं। वे कहते हैं–जिस देश में जाओ वही समझता है कि उसका दुनिया के लिए एक विशेष सन्देश है। इंग्लैण्ड दुनिया को संस्कृति सिखाने का ठिकेदार बनता है। मैं तो कोई विशेष बात अपने देश के पास नहीं देखता।

जवाहरलाल का मानना है–प्रत्येक नौजवान को विद्रोह करना चाहिए। राजनीतिक क्षेत्र में ही नहीं बल्कि सामाजिक, आर्थिक और धार्मिक क्षेत्र में भी। मुझे ऐसे व्यक्ति की कोई आवश्यकता नहीं जो आकर कहे कि फलाँ बात कुरान में लिखी हुई है, कोई बात जो अपनी समझदारी की परख में सही साबित ना हो उसे चाहे वेद और पुराण में कितना ही अच्छा क्यों नहीं कहा गया हो, नहीं माननी चाहिए।''

ये एक युगान्तकारी के विचार हैं और सुभाष के विचार एक राजपरिवर्तनवादी के विचार हैं। एक के विचार में हमारी पुरानी चीज़ें बहुत अच्छी हैं दूसरे के विचार में उनके विरुद्ध विद्रोह कर दिया जाना चाहिए। एक को भावुक कहा जाता है और एक को युगान्तकारी और विद्रोही।

पंडित जवाहरलाल एक स्थान पर कहते हैं–"जो अभी भी कुरान के ज़माने में अर्थात तेरह सौ वर्ष पीछे के अरब की स्थितियाँ पैदा करना चाहते हैं, जो पीछे वेदों के ज़माने की ओर देख रहे हैं। उनसे उनका यह कहना है कि यह तो सोचा ही नहीं जा सकता कि वह युग वापस लौट आयेगा। वास्तविक दुनिया पीछे नहीं लौट सकती। काल्पनिक दुनिया को चाहे कुछ दिन यहाँ स्थिर बनाये रखें और इसलिए वे विद्रोह की आवश्यकता महसूस करते हैं।

सुभाष बाबू मज़दूरों से सहानुभूति रखते हैं और उनकी स्थिति सुधारना चाहते हैं। सुभाष भावुक हैं दिल के लिए। दूसरा युगान्तकारी है जो दिल के साथ–साथ दिमाग़ को भी बहुत कुछ दे रहा है। हमारा आदर्श समाजवादी सिद्धान्तों के अनुसार पूर्ण स्वराज्य होना चाहिए जो कि युगान्तकारी तरीक़ों के बिना प्राप्त नहीं हो सकता। सुभाष बाबू अन्तरराष्ट्रीय राजनीति की ओर इतने समय तक ही ध्यान देना आवश्यक समझते हैं जितने समय तक दुनिया की राजनीति में हिन्दुस्तान की रक्षा और विकास का सवाल है। परन्तु पंडित जी राष्ट्रीयता के संकीर्ण दायरों से निकलकर खुले मैदान में आ गये हैं। अब सवाल यह है कि हमारे सामने दोनों हैं, हमें किस ओर झुकना चाहिए? सुभाष आज शायद दिल को कुछ भोजन देने के अलावा कोई दूसरी मानसिक खुराक नहीं दे रहे हैं। अब आवश्यकता इस बात की है कि पंजाब के नौजवानों को इन युगान्तकारी विचारों को ख़ूब सोच–समझकर पक्का कर लेना चाहिए। इस समय पंजाब को मानसिक भोजन की सख़्त ज़रूरत है और यह पंडित जवाहरलाल नेहरू से ही मिल सकता है। इससे पंजाबी नौजवानों को उनके साथ लगना चाहिए।'

माननीया, न्यायालय स्पष्ट रूप से देख सकता है कि भगत सिंह किस तरह पंजाब के नवयुवकों को पंडित नेहरू के साथ जाने का आह्वान कर रहे थे। सरदार भगत सिंह ने उस समय प्रताप समाचार –पत्र में नेहरू की प्रशंसा करते हुए लिखा था–हमारे नेता किसानों के आगे झुकने की जगह अंग्रेज़ों के आगे घुटने टेक देते हैं। एक पंडित जवाहरलाल को छोड़ दें तो क्या आप किसी बड़े नेता का नाम ले सकते हैं, जिसने मज़दूरों, किसानों को संगठित करने की कोशिश की है?

*( प्रतिवादी अधिवक्ता जज को डॉक्यूमेंट पेश करता है।)*

माननीया, शहीदे आज़म भगत सिंह के इस लेख से यह स्पष्ट नहीं है कि पंडित नेहरू उनकी भी पहली पसन्द थे?

वादी अधिवक्ता–माननीया, हमारे मित्र व्यर्थ की बातों में न्यायालय को भटकाकर अपना समय बर्बाद कर रहे हैं? भगत सिंह पर उत्तराधिकारी बनाने का कोई आरोप नहीं लगाया गया है।

प्रतिवादी अधिवक्ता–माननीया, यही तो बताना चाहता हूँ कि पंडित नेहरू की लोकप्रियता अपने चरमोत्कर्ष पर थी। अब मैं दूसरे परिवर्तनवादी नेता सुभाषचन्द्र बोस का लिखित डॉक्यूमेंट न्यायालय में पेश करता हूँ।

*( प्रतिवादी अधिवक्ता डॉक्यूमेंट पेश करता है )*

"मद्रास कांग्रेस के महत्त्व को बढ़ाने वाली एक और बात यह थी कि जवाहरलाल नेहरू यूरोप से लौट आये थे और उन्होंने इस कांग्रेस की कार्यवाही में भाग लिया था। पंडित जवाहरलाल का जीवन बड़ा दिलचस्प रहा था। उन्होंने कैम्ब्रिज में अध्ययन समाप्त कर वकालत शुरू की। लेकिन 1920 में असहयोग आन्दोलन शुरू हुआ तो उन्होंने वकालत का पेशा छोड़ दिया और महात्मा जी के अनुयायी बन गये। लोगों का कहना है कि अपने पिता पंडित मोतीलाल नेहरू को भी वकालत छोड़ने को राजी करने के लिए वही ज़िम्मेदार हैं। उन्होंने यूरोप की हाल की उथल–पुथल और ख़ासकर सोवियत रूस के बारे में अध्ययन किया। जब से वह भारत लौट कर आये हैं, उन्होंने अपनी नयी विचारधारा को प्रकट किया है और अपने आप को समाजवादी घोषित किया है। इस बात का कांग्रेस के वाम पक्ष और देश के संगठनों ने बेहद स्वागत किया है।''

माननीया, सुभाषचन्द्र बोस आगे कहते हैं–पंडित नेहरु की दो बार की अध्यक्षता में संगठन तेजस्वी और सूझ–बूझ पूर्ण रहा और कांग्रेस के भीतर अग्रगामी शक्तियों को उनसे बल मिलता रहा। साथ ही उनके कहने पर बहुत से समाजवादियों को कांग्रेस का स्थाई पदाधिकारी नियुक्त किया गया। 1936–37 में उनकी लोकप्रियता बहुत ऊँचे शिखर पर थी। यहाँ तक कि उनकी स्थिति महात्मा गाँधी से भी अधिक मज़बूत थी, क्योंकि उन्हें समूचे वाम पक्ष का समर्थन प्राप्त था जो गाँधी जी को प्राप्त नहीं था। लेकिन कांग्रेस संगठन में महात्मा गाँधी की स्थिति बहुत मज़बूत थी। उधर बेहद लोकप्रियता के बावजूद पंडित नेहरू का अपना कोई गुट नहीं था। यदि वह इतिहास में अपना नाम क़ायम रखना चाहते हैं तो उनके सामने दो ही रास्ते थे, या तो वे गाँधीवाद के सिद्धान्त को स्वीकार करके आगे का रास्ता तय करें या अपना ही एक गुट तैयार करें।

माननीया, पंडित नेहरु ने पहला रास्ता अख़्तियार किया और

सुभाषचन्द्र बोस के कहे अनुसार इतिहास में अपना नाम दर्ज़ कर लिया। सुभाषचन्द्र बोस आगे लिखते हैं–1937 के बाद पंडित नेहरु गाँधी जी के अति निकट आ गये। 1942 में महात्मा जी ने नेहरु जी को अपना उत्तराधिकारी घोषित कर दिया। लेकिन क्रिप्स मिशन में महात्मा जी और नेहरू जी के मतभेद होने के बाद कांग्रेस के गाँधीवादी गुट आसानी से नेहरू जी को महात्मा जी के उत्तराधिकारी के रूप में स्वीकार नहीं कर पायेंगे।

माननीया, न्यायालय ने स्पष्ट रूप से सुभाषबोस की युक्ति को सुना कि पंडित नेहरू लोकप्रियता में उस समय अन्य सभी नेताओं से कितने आगे थे। सुभाषचन्द्र बोस ने पंडित नेहरू की तुलना सिर्फ़ महात्मा गाँधी से की है और युवाओं के मध्य लोकप्रियता में पंडित नेहरू को ही बीस बताया है।

वादी अधिवक्ता–माननीया, प्रधानमंत्री बनने के लिए लोकप्रियता ही एकमात्र मापदण्ड है?

प्रतिवादी अधिवक्ता–मेरे क़ाबिल मित्र की दृष्टि में मापदण्ड का पैमाना क्या है? आपके हिसाब से महात्मा गाँधी के किन मापदण्ड पर नेहरू खरे नहीं उतरते थे, जिस कारण से उन्हें अपना उत्तराधिकारी बनाना सही नहीं था?

वादी अधिवक्ता–नेहरु जी उतने व्यवहारिक नहीं थे, उनकी तुलना में सरदार पटेल अधिक कारगर प्रधानमन्त्री होते। क्या हमारे काबिल मित्र ऐसा नहीं मानते?

प्रतिवादी अधिवक्ता–यक़ीनन सरदार पटेल के क़ाबिलपने पर कौन यक़ीन नहीं करेगा? पर प्रधानमन्त्री के बनने की रेस में सरदार पटेल थे ही नहीं। शायद इसकी वजह उनकी बढ़ती उम्र और हृदय की बीमारी रही होगी।

वादी अधिवक्ता–माननीया, मेरा यह प्रश्न है ही नहीं, मेरा प्रश्न है पटेल क्यों नहीं? नेहरू क्यों?

प्रतिवादी अधिवक्ता–माननीया, मेरे पास उनके एक प्रश्न का उत्तर है, पंडित नेहरू क्यों? क्योंकि दूसरा प्रश्न है ही नहीं इसे हवा में गढ़ा गया है।

माननीया, क्या महात्मा गाँधी ने पहले कभी अपने उत्तराधिकारी के रूप में पटेल का ज़िक्र किया था, और बाद में पलट कर पंडित नेहरू को उत्तराधिकारी बना दिया? कांग्रेस के दो बड़े स्तम्भ थे–सरदार पटेल और पंडित नेहरू।

माननीया, जैसा कि पहले भी मैंने इस बात को रखा है कि सरदार पटेल की पार्टी के ऊपर बहुत अधिक पकड़ थी। सुभाषचन्द्र बोस के दूसरी बार अध्यक्ष बनने के बाद पटेल ने पार्टी पर अपनी बढ़त बढ़ा कर अपनी शक्ति दिखा भी दी थी। कुछ लोग कांग्रेस में पंडित नेहरू और सरदार पटेल को प्रतिद्वन्दी भी मानते हैं। पंडित जी और सरदार के बीच जो भी ख़ास मतभेद था, उसका मुख्य कारण समाजवादियों के साथ उनके द्वारा किये जाने वाले सलूकों को लेकर था। पंडित जी ने कांग्रेस के भीतर अपना स्थान विद्रोही का नहीं समाजवादियों के संरक्षक का बना रखा था। किन्तु सरदार पार्टी के सूत्रधार थे, उनके विरुद्ध जवाहरलाल जी समाजवादियों को काफ़ी संरक्षण नहीं दे सके। नतीजा यह हुआ कि बहुत से समाजवादियों ने कांग्रेस छोड़ दी।

माननीया, परन्तु इन दोनों महारथियों की अपने मतभेद के बारे में क्या राय थी, इसका लिखित डॉक्यूमेंट पेश है–जवाहरलाल और मैं साथ–साथ कांग्रेस के सदस्य, आज़ादी के सिपाही, कांग्रेस की कार्यकारिणी और अन्य समितियों के सहकर्मी, महात्मा जी के (जो दुर्भाग्य से हमें बड़ी जटिल समस्याओं के साथ जूझने के लिए छोड़ गये हैं) अनुयायी और इस विशाल देश के शासन प्रबन्ध के गुरुतर भार के वाहक रहे हैं। इतने विभिन्न प्रकार के कर्म क्षेत्रों के साथ रहकर और एक–दूसरे को जान कर हममें परस्पर स्नेह होना स्वाभाविक था। काल की गति के साथ वह समय बढ़ता गया है और आज हम लोग कल्पना भी नहीं कर सकते कि जब हम अलग होते हैं और अपनी समस्याओं और कठिनाइयों का हल निकालने के लिए उन पर मिलकर विचार नहीं कर सकते, तो यह दूरी हमें कितनी खलती है। देश के आदर्श, जनता के नेता, राष्ट्र के प्रधानमन्त्री और सब के लाड़ले जवाहरलाल को जिनके महान कृतित्व का भव्य इतिहास सबके सामने खुली पोथी–सा है, मेरे अनुमोदन की कोई आवश्यकता नहीं है।

दृढ़ और निष्कपट योद्धा की भाँति उन्होंने विदेशी शासन से अनवरत युद्ध किया। युक्त प्रान्त के किसान आन्दोलन के संगठनकर्ता के रूप में पहली दीक्षा पाकर वह अहिंसात्मक युद्ध की कला और विज्ञान में पूरे निष्णात हो गये। दीन के प्रति सहज सहानुभूति के साथ उन्होंने निर्धन किसान की अवस्था सुधारने के आन्दोलन की आग में अपने को झोंक दिया। जवाहरलाल के ज्वलन्त आदर्शवाद, जीवन में कला और सौन्दर्य

के प्रति प्रेम, दूसरे को प्रेरणा और स्फूर्ति देने के अद्‌भुत आकर्षण शक्ति और संसार के प्रमुख व्यक्तियों की सभा में विशिष्ट रूप से चमकने वाले व्यक्तित्व थे, एक राजनीतिक नेता के रूप में उन्हें क्रमशः उच्च से उच्च शिखर पर पहुँचा दिया। पत्नी की बीमारी के कारण की गयी विदेश यात्रा ने भारतीय राष्ट्रवाद सम्बन्धी उनकी भावनाओं को एक आकाशीय अन्तरराष्ट्रीय तल पर पहुँचा दिया। उस समय से जवाहरलाल ने कभी पीछे मुड़कर नहीं देखा। भारत में भी और बाहर भी उनका महत्त्व बढ़ता गया। उनकी वैचारिक निष्ठा, उदार प्रवृत्ति, पैनी दृष्टि और भावनाओं की सच्चाई के प्रति देश और विदेश की करोड़ों जनता उनमें श्रद्धा करती है।

अतःएव यह उचित ही था कि स्वातन्त्र्य की उषा के पहले के गहन अन्धकार में वह हमारे मार्गदर्शक ज्योति बनें और स्वाधीनता मिलते ही जब भारत के आगे संकट पर संकट आ रहा है तब हमारे विश्वास की धुरी हों और हमारी जनता का नेतृत्व करें।

कुछ स्वार्थ पीड़ित लोगों ने हमारे विषय में भ्रान्तियाँ फैलाने का यत्न किया है और कुछ भोले व्यक्ति उन पर विश्वास भी कर लेते हैं। वास्तव में हम लोग आजीवन सहकारियों और बन्धुओं की भान्ति साथ–साथ काम करते रहे हैं।

माननीया, हमें लगता है मेरे मित्र भी उन्हीं भोले–भाले लोगों की श्रेणी में हैं।

वादी अधिवक्ता–मैं भोला ही सही, पर क्या बता सकते हैं कि नेहरू जी पटेल के साथ अपने सम्बन्धों के बारे में क्या विचार रखते थे?

प्रतिवादी अधिवक्ता–माननीया, जब एडगर स्नो ने पंडित नेहरू से पूछा–समाजवादियों के लिए आप सहानुभूतिशील रहे हैं किन्तु सरदार पटेल समाजवादियों को नहीं चाहते हैं तो फिर आप पटेल के साथ मिलकर कैसे काम करते हैं?

पंडित जी ने कहा–जब स्पष्ट कार्यक्रम निर्धारित करने का सवाल उठता है, तहसील में सरदार और मैं अक्सर एक–दूसरे के विरुद्ध हो जाते हैं। पहले भी ऐसा होता था और आज भी ऐसी ही बात है। मगर हम दोनों के पारस्परिक विरोध का शमन पहले गाँधी जी करते थे और अब वही काम उनकी याद करती है। गाँधी जी अपने जीवन–काल में जितने शक्तिशाली थे, मरने के बाद उससे अधिक शक्तिशाली बन गये हैं। मैं जानता हूँ कि अगर मैं इशारा कर दूँ तो सरदार मन्त्रिमण्डल छोड़ देंगे

और वे भी जानते हैं कि मैं उनका इशारा पाते ही मन्त्रिमण्डल से निकल जाऊँगा। गाँधी जी की याद हम दोनों को बाँधे हुए है।

माननीया, लॉर्ड माउण्टबेटन के सामने महात्मा गाँधी के शव के पास सरदार पटेल और नेहरू एक–दूसरे को अंकवार में भर रोते रहे थे।

माननीया, जहाँ तक मैंने समझा है पंडित नेहरू के जिन सद्गुणों के कारण महात्मा गाँधी उन्हें पसन्द करते थे, उन सद्गुणों को अन्य नेता भी स्वीकार करते थे।

माननीया, विदेशों में पण्डित नेहरू की लोकप्रियता का आलम इससे भी बढ़कर था। मैं दो–तीन विदेशी महापुरुषों के विचार नेहरु के बारे में न्यायालय में रखना चाहता हूँ। बर्टेंड रसेल के नाम से न्यायालय अपरिचित नहीं होगा, उन्हें शान्ति दूत के रूप में आज भी दुनिया याद करती है। उनका लिखित डॉक्यूमेंट पेश करता हूँ।

*( प्रतिवादी अधिवक्ता लिखित डॉक्यूमेंट पेश करता है )*

"सभी शान्तिवादियों और मानवतावादियों को एकजुट होकर नेहरू को उनकी उपलब्धियों के लिए बधाई देनी चाहिए। बहुत कम लोग ही ऐसे महत्त्वपूर्ण सत्कार्यों में सफलता का प्रदर्शन कर सकते हैं। जिनमें कई बार विरोधी पक्ष और अपराजेय दिखायी देता है। मेरी मंशा मुख्यतः यहाँ नेहरू की विदेश नीति की चर्चा करने की है। लेकिन उनकी घरेलू नीति के कुछ ऐसे पहलू हैं जिनकी मैं सराहना करना चाहूँगा। सबसे पहली और महत्त्वपूर्ण बात तो यह है कि भारत एक संसदीय लोकतन्त्र बनने की राह पर आरूढ़ हो चुका है। यह कठिन कार्य था, जैसा कि उन कई हिस्सों में अनुभवों से देखा जा सकता है, जहाँ पुरानी साम्राज्यवादी व्यवस्था को बदलकर लोकतन्त्र की स्थापना करने के प्रयास किये गये।"

*( प्रतिवादी अधिवक्ता ने लिखित डॉक्यूमेंट पेश करता है )*

माननीया पर्ल एस.बक ने उनके बारे में लिखा है कि इस पृथ्वी पर मानव जीवन की हर शताब्दी में कुछ लोग ऐसे होते हैं जो हम सभी के जीवन पर अपना प्रभाव छोड़ते हैं। जवाहरलाल नेहरू एक ऐसे ही व्यक्ति हैं। दुनियाभर में अपने स्वतन्त्र विचारों के लिए उन्हें सम्मान मिला और अपनी सत्यनिष्ठा और व्यक्तिगत गुणों के लिए सभी ने उनके प्रति प्रेम प्रदर्शित किया।

*( प्रतिवादी अधिवक्ता डॉक्यूमेंट पेश करता है )*

माननीया, पंडित नेहरू ने अपने जीवन के बेहतरीन दस साल जेल

में बिताये। अपनी सारी सम्पत्ति दान कर दी। उनके घर के एक–एक सदस्य बच्चे, बूढ़े, स्त्री सभी जेल में बन्द थे।

माननीया, ऐसे पंडित नेहरू को उत्तराधिकारी के रूप में महात्मा गाँधी चयन क्यों नहीं करते? डॉ. राजेन्द्र प्रसाद ने 1949 में लिखा है कि अनेक वर्षों से कांग्रेस उसकी अखिल भारतीय समिति और कार्य–कारिणी समिति द्वारा स्वीकृत प्रस्ताव पण्डित नेहरू द्वारा प्रस्तुत किये हुए रहे हैं और कांग्रेस की मुख्य–मुख्य नीति घोषणाओं के मसविदे भी उन्होंने ही तैयार किये हैं। पूर्ण स्वराज का प्रस्ताव पास कराने का श्रेय जवाहरलाल नेहरू का ही है।

*( प्रतिवादी अधिवक्ता डॉक्यूमेंट पेश करता है )*

माननीया, क्या इतने गुणों के रहने पर भी महात्मा गाँधी को जवाहरलाल नेहरू को अपना उत्तराधिकारी नहीं बनाना चाहिए था? जिनके बारे में गुरुदेव रवीन्द्र का विचार था–"युवा भारत के सिंहासन पर निःसन्देह जवाहरलाल का अधिकार है। उनका व्यक्तित्व प्रतापी है, उनका दृढ़ निश्चय और साहस अदम्य है। लेकिन नैतिक सच्चाई और बौद्धिक सत्य–निष्ठा के प्रति उनकी अडिग निष्ठा उन्हें उनके अन्य साथियों से बहुत ऊँचा उठाती है।"

*( प्रतिवादी अधिवक्ता डॉक्यूमेंट पेश करता है )*

माननीया, महात्मा गाँधी ने पंडित नेहरु को परखा था, कसौटी पर कसा था और सबसे बड़ी बात यह कि वे पंडित नेहरू को बहुत ही उच्च कोटि का मनुष्य मानते थे। महात्मा गाँधी पंडित नेहरू को भारत का जवाहर कहकर सम्बोधित करते थे।

माननीया, महात्मा गाँधी के शब्दों में–"जवाहरलाल से अधिक साहस किसी और में नहीं ? देश के प्रति प्रेम में कौन उनसे श्रेष्ठ हो सकता है, वे बृहस्पति की भाँति खड़े हैं, स्फटिक की भाँति खरे हैं। उनकी सच्चाई सन्देह से परे है। वे एक निर्भीक सूरमा हैं बेदाग। उनके हाथों में राष्ट्र सुरक्षित है।" माननीया, जब महात्मा गाँधी की दृष्टि में पंडित नेहरू इतनी ऊँचाई पर थे तो भला वे किसी और को उत्तराधिकारी क्यों बनाते?

माननीया, महात्मा गाँधी ने कहा था, उन्हें विश्वास था–मेरे बाद जवाहरलाल मेरी भाषा बोलेगा और महात्मा गाँधी के विश्वास को पूरे विश्व ने देखा। 15 अगस्त, 1947 को पंडित नेहरू ने कहा था–"हम चाहे जिस किसी भी मज़हब के मानने वाले हों, हम समान रूप से भारत

माता की सन्तान हैं। साम्प्रदायिकता या संकीर्णता को हम बढ़ावा नहीं दे सकते। क्योंकि जिस किसी भी देश के नागरिक के मन, वचन और कर्म में संकीर्णता है वह देश कभी भी ऊपर नहीं उठेगा।"

माननीया, न्यायालय से गुजारिश है कि पंडित नेहरू के विराट व्यक्तित्व का मूल्यांकन करे। डायरेक्ट एक्शन और बँटवारे के बाद मुसलमानों की रक्षा करने की बात बोलना भी गुनाह था। उस समय वे अपनी जान, अपना पूरा राजनीतिक कैरियर मानवता की वेदी पर भेंट चढ़ाने के लिए हिमालय की भाँति तनकर उनकी रक्षा में खड़े हो गये।

माननीया, उस समय पंडित नेहरू ने जो हिम्मत और दिलेरी दिखायी, जिस दृढ़ता और औदार्य का परिचय दिया, वह सबका सब मानवता के इतिहास में बेजोड़ है। बँटवारे के बाद परिस्थिति ऐसी संगीन थी कि बड़े बड़ों के होश गुम हो गये थे। किन्तु पंडित नेहरू ने घुटने नहीं टेके, विद्युत की गति से चारों ओर दौड़–दौड़ कर लोगों को दिलासा दे रहे थे। हर तरफ़ लुटेरे और हत्यारों से जूझ रहे थे।

माननीया, पाकिस्तान बनने के बाद भी साम्प्रदायिकता के विरोध में पंडित नेहरू ने खड़े होकर पूरी दुनिया को यह सन्देश दिया–"पाकिस्तान चाहे जो करे, वे भारत को साम्प्रदायिक बनने नहीं देंगे। माननीय 1955 में एक भाषण के दौरान ही पंडित नेहरू ने कहा था–सम्प्रदायवादी किसी अतीत के अवशेष हैं। वह न तो भूत में बसते हैं, ना वर्तमान में, हवा में लटके हुए हैं। भारत हर आदमी को बर्दाश्त करता है, हर चीज़ को बर्दाश्त करता है, यहाँ तक कि वह पागलपन को भी बर्दाश्त करता है। इसीलिए सम्प्रदायवादी भी इस देश में हैं, मगर हमें यह नहीं भूलना चाहिए कि उनकी विचारधारा ख़ौफ़नाक है। यह विचारधारा घृणा से भरी हुई है। यह प्रवृत्ति भारत के लिए हानिकारक है। चाहे हिन्दू साम्प्रदायिकता हो या मुस्लिम साम्प्रदायिकता, चाहे इसाई साम्प्रदायिकता हो या सिक्ख साम्प्रदायिकता। अगर यह क़ायम रहे तो भारत की धज्जियाँ उड़ जायेगी और वह टूट कर टुकड़े–टुकड़े हो जायेगा। माननीया, न्यायालय को नहीं लगता कि इस तरह की विचारधारा न सिर्फ़ मानवता का पोषक है बल्कि देश ही नहीं पूरे विश्व के मानस पटल को उच्च भाव में ले जाने वाला है।

माननीया, मुझे नहीं लगता कि पंडित नेहरू को किसी सर्टिफिकेट की आवश्यकता है। फिर भी मैंने कुछ फैक्ट्स को, दुनिया भर के लोगों के द्वारा दिये गये उनके प्रति प्रदर्शित सम्मान को न्यायालय के सामने

रखा है और अब न्याय की आशा में मैं अपनी बात समाप्त करता हूँ।

वादी अधिवक्ता–महोदया, यदि महात्मा गाँधी ने अपना उत्तराधिकारी सरदार पटेल को बनाया होता तो पूरा कश्मीर आज भारत के पास रहता। कश्मीर के मुद्दे पर तो मेरे मित्र ने कुछ जवाब ही नहीं दिया, जिसे आज पूरा देश भुगत रहा है।

प्रतिवादी अधिवक्ता–माननीया, मेरे मित्र ने कश्मीर पर चर्चा नहीं की थी तो मैं किस बिन्दु पर प्रकाश डालता।

वादी अधिवक्ता–माननीया, अभी बहस की समाप्ति नहीं हुई है। मैं भी न्याय आशा में हूँ और इस संवेदनशील मुद्दे पर स्पष्टीकरण चाहता हूँ।

प्रतिवादी अधिवक्ता–माननीया, सरदार प्रधानमन्त्री होते तो पूरा कश्मीर भारत के पास रहता, तो क्या सरदार पटेल उस समय उप–प्रधानमन्त्री नहीं थे? क्या वे व्यक्तित्व शून्य उप–प्रधानमन्त्री थे जिनकी प्रधानमन्त्री के सामने कोई अहमियत नहीं थी? या पटेल का ऐसा चरित्र था कि देश हित से अधिक कश्मीर मुद्दे पर वे नेहरू का पराभव देखना चाहते थे?

माननीया, सरदार पटेल की क़ाबिलियत पर किसी को शक़ नहीं लेकिन सरदार पटेल भी कश्मीर समस्या में उतने ही लगन से लगे थे जितने कि पंडित नेहरू।

माननीया, सरदार पटेल के बारे में राजमोहन गाँधी ने अपनी पुस्तक पटेल ए लाइफ़ 434 और 440 पृष्ठ में लिखा है–3 सितम्बर, 1947 तक सरदार को कश्मीर के पाकिस्तान में जाने पर आपत्ति नहीं थी। जूनागढ़ पर पाकिस्तान के दावे के बाद ही पटेल कश्मीर की तरफ़ मुड़े।

माननीया, बायोग्राफी ऑफ़ भारत केसरी श्यामाप्रसाद मुखर्जी के लेखक एम.सी.दास ने पृष्ठ 186 में लिखा है यदि नेहरू नहीं होते, तो सरदार चुटकियों में कश्मीर समस्या का हल कर देते। वे कश्मीर पाकिस्तान को दे देते और लद्दाख, लेह और जम्मू को भारत में रख लेते। इस मुद्दे पर श्यामाप्रसाद मुखर्जी पटेल से सहमत थे।

दिनकर जोशी ने 'सरदार' में लिखा है–पटेल ने माउण्टबेटन से उपरोक्त प्लान पर लार्ड हरि सिंह से बात करने के लिए भी कहा था।

माननीया, 27 सितम्बर, 47 को नेहरु ने चिन्तित होकर एक पत्र पटेल को लिखा–कश्मीर की हालत बद से बदतर होती जा रही है। पाकिस्तान की फ़ौज वहाँ कभी भी पहुँच सकती है।

माननीया, कृपया घटनाक्रम पर ग़ौर फरमाने का कष्ट करेंगे। घटनाक्रम इतनी तेज़ी से हो रहा था कि न्यायालय देख सकता है। 12 अक्टूबर को राजा हरि सिंह के प्रधानमन्त्री मेहर चन्द ने कहा–"कश्मीर भारत के साथ नहीं जायेगा वह आज़ाद रहेगा"। 22 अक्टूबर को पाकिस्तान की तरफ़ से क़बाली आक्रमण किया गया। 24 अक्टूबर को हरी सिंह को भारत की फ़ौज की याद आयी और उन्होंने भारत सरकार से फ़ौज की माँग की। 24 अक्टूबर को ही भारत सरकार वी.पी. मेनन को कश्मीर भेजती है। 24 अक्टूबर को ही मेनन हरि सिंह से वार्तालाप के बाद भारत सरकार को रिपोर्ट करती है कि हरि सिंह को भारतीय फ़ौज की आवश्यकता है। भारत सरकार के सामने एक संवैधानिक संकट है कि अभी तक कश्मीर का भारत में विलय नहीं हुआ था, वहाँ फ़ौज भेजना कानूनन सही नहीं था। इसलिए 26 अक्टूबर को ही देशी रियासत कश्मीर और भारत में करार के बाद विलय हो जाता है और 27 अक्टूबर को श्रीनगर में भारत की फ़ौज पहुँच जाती है।

माननीया, एक दिन भी अगर देरी हो जाती तो कश्मीर हाथ से निकल गया होता, क्योंकि हवाई अड्डा पाकिस्तानियों के हाथ चला गया होता।

माननीया, वी.पी.मेनन वही कद्दावर अधिकारी हैं, जिन्होंने देशी रियासतों के विलय में अपनी महत्त्वपूर्ण भूमिका निभायी थी।

वादी अधिवक्ता–माननीया, मैं अपने क़ाबिल मित्र के द्वारा दिये गये वक्तव्य की खाल निकालकर न्यायालय का बहुमूल्य समय बर्बाद नहीं करूँगा। चलिए उनकी बात मान लेता हूँ किन्तु एक सवाल का जवाब उनसे अवश्य चाहता हूँ। जवाहरलाल नेहरू कश्मीर मुद्दे को संयुक्त राष्ट्र संघ में क्यों ले गये?

प्रतिवादी अधिवक्ता–नेहरू पर आरोप लगाया जाता है कि वे जनमत के लिए क्यों माने? यह सही है कि माउण्टबेटन के सुझाव के बाद भारत संयुक्त राष्ट्र संघ में गया। संयुक्त राष्ट्र संघ में जाने का सुझाव देने और मानने का एक कारण था अन्तरराष्ट्रीय संस्था पर विश्वास और दूसरा नेहरू का कश्मीरियों पर विश्वास कि कश्मीरी भारत के साथ रहना चाहते हैं, और उस समय ऐसा सच में था भी। शेख़ अब्दुल्ला नेशनल कॉन्फ्रेंस के सबसे बड़े नेता और कश्मीर के जननायक थे। वे भारत के साथ ही रहना चाहते थे। उस समय कश्मीर में जो जुलूस निकला करता था उसमें भारत के साथ रहने वाले कश्मीरियों की जुलूस बहुत लम्बी होती थी और अलग होने वाले की नगण्य।

माननीया, लेकिन जब संयुक्त राष्ट्र संघ ने कहा–कश्मीर से भारत और पाकिस्तान दोनों के द्वारा फ़ौजियों के हटाने के बाद ही जनमत संग्रह होंगे, जो भारत को अस्वीकार्य था। उसके बाद जनमत संग्रह का मामला हमेशा के लिए खटाई में पड़ गया।

माननीया, जवाहरलाल नेहरू ने विदेश नीति को परिभाषित करते हुए कहा है, जिन बातों, जिन सिद्धान्तों को हम परिवार, समाज में बहुत ही निम्न श्रेणी का और घटिया मानते हैं वही वहाँ कूटनीति कहलाती है। हम इस बात को स्वीकार करते हैं कि जवाहरलाल नेहरू का आदर्शवाद इस तरह की कूटनीति से परे था।

माननीया, एक बात कहकर अपनी बात समाप्त करूँगा कि जैसे सभी देशी रियासतों के विलय का सम्पूर्ण श्रेय पटेल को देकर हमारे क़ाबिल मित्र प्रधानमन्त्री को एक पैसा श्रेय देने के लिए भी तैयार नहीं हैं, जबकि किसी भी निर्णय का दायित्व पूरे मन्त्रिमण्डल का होता है, यह अलग बात है कि सबसे अधिक दायित्व प्रधानमन्त्री का होता है। संयुक्त राष्ट्र संघ में जाने की सहमति सरदार पटेल समेत सम्पूर्ण मन्त्रिमण्डल की थी और इसका कारण यही था कि देश तुरन्त आज़ाद हुआ था, ढेरों समस्याएँ मुँह बाए सामने खड़ी थीं। भारत युद्ध की जगह शान्ति चाहता था और इसी से उसने विश्व न्यायालय के समक्ष जाने का निर्णय किया।

माननीया, हम उन महान नेताओं की मंशा, उनकी क़ाबलियत, उनकी ईमानदारी पर सवाल नहीं उठा सकते हैं। यहाँ यह स्वीकार किया जा सकता है कि जब हम टीम भावना से भी काम करते हैं तो किंचित, कभी परिणाम असन्तोषजनक आ सकते हैं। दैट्स आल, माननीया।

जज–वादी अधिवक्ता को और भी प्रश्न करने हैं?

वादी अभिवक्ता–माननीया, प्रश्न तो इतने हैं कि पूछने में कई दिन लग जाऐ, किन्तु अपने मित्र की स्वीकारोक्ति के बाद न्यायालय का क़ीमती समय नष्ट नहीं करूँगा। न्याय की प्रतीक्षा में हूँ।

जज–कल तक के लिए कोर्ट को स्थगित किया जाता है। कल जजमेंट सुनाया जायेगा।

## दृश्य दो

जज–उत्तराधिकारी किसे बनाया जाये यह उस व्यक्ति के ऊपर निर्भर करता है जिसने उसका चयन किया है। महात्मा गाँधी ने पंडित

नेहरू का चयन किया, पटेल का नहीं किया यह कोई मसला नहीं लगता। लोग सरदार पटेल को महात्मा गाँधी का यस मैन कहते थे और अपने गुरु के प्रति सरदार पटेल में अपार श्रद्धा थी। परन्तु न्यायालय को लगता है समाजवादियों, वामपन्थियों से सरदार पटेल का असहज सम्बन्ध भी उनके व्यापक होने में रोड़ा बना। दूसरी बात सरदार पटेल की शारीरिक अस्वस्थता भी एक कारण हो सकती है, जैसा हुआ भी, सरदार पटेल पहले लोकसभा का चुनाव लड़ने के पूर्व ही काल कवलित हो गये। न्यायालय ने समझा है, महात्मा गाँधी की दृष्टि में पंडित नेहरू का भारतीय जनता के प्रति असीम प्रेम अलौकिक था। दिनकर ने भी लिखा है–'पंडित जी मानते थे कि भारत की जनता भोली–भाली तो है, लेकिन उसके भीतर शक्ति की कमी नहीं है। हाँ, भय उन्हें उन व्यक्तियों और दलों से महसूस होता था, जो धर्म, प्रान्त, जाति या भाषा के नारे लगाकर सीधी जनता को गुमराह करते थे। इसलिए वे अपने भाषणों में भारतीय जनता की प्रशंसा और जनता को गुमराह करने वाले गिरोहों की निन्दा करते थे। सम्प्रदायवादी वृत्ति उन्हें कभी पसन्द नहीं थी। न हिन्दुओं की, न मुसलमानों की, न सिक्खों की, न ईसाईयों की। वे इस बात को अनुचित समझते थे कि समस्त भारतवासियों का खान–पान, पहनावा–ओढ़ावा, संस्कृति और भाषा एक हो जाये। पंडित नेहरू चाहते थे कि भारत के प्रत्येक व्यक्ति का मन विज्ञान से युक्त हो और सवालों पर वह उस दृष्टि से सोच सकें जिस दृष्टि से आधुनिक मनुष्य को सोचना चाहिए। उनका अटल विश्वास था जिस दिन भारतीय जनता के भीतर वैज्ञानिक दृष्टिकोण घर कर लेगा, उस दिन सम्प्रदायवाद, धर्मान्धता, अन्धविश्वास तथा जाति, प्रान्त और भाषा के झगड़े अपने आप समाप्त हो जायेंगे। महात्मा गाँधी के बारे में कहा जाता है कि वे त्रिकालदर्शी ऋषि की तरह थे और उनके अन्दर मनुष्य को समझने की एक अलौकिक शक्ति थी। न्यायालय भी महात्मा गाँधी के इस अलौकिक विशिष्ट गुण को स्वीकार करता है और ऐसा मानता है ऐसा होता तो, ऐसा होता, ऐसा नहीं होता, तो ऐसा होता बेकार की बातें हैं। महात्मा गाँधी के चयन पर सवाल उठाना बेबुनियाद और राजनीतिक मुद्दा है।

□□